太喜歡歷史了！

給中小學生的輕歷史

7

兩宋

兩宋

兩宋

文：徐樂
繪：蔣講太空人（時代背景）
Yoka（衣食住行）
Ricky（歷史事件）

時代背景

文化繁榮的兩宋

宋朝建立後，宋太祖趙匡胤汲取晚唐滅亡的教訓，重文抑武。他剝奪了武將的兵權，讓文臣管理軍隊，宋朝因此成為一個文人治理的國家。

宋朝分為北宋、南宋兩個時期。北宋前期，國家經濟繁榮，百姓安居樂業。北宋後期，朝廷腐敗加上外族入侵，使得國家被迫遷到長江以南。宋高宗定都臨安（今浙江杭州），建立了南宋政權。

這個以文治國的王朝，孕育出大批傑出的文人，也不乏出色的武將。文學方面，有蘇軾、王安石、李清照、辛棄疾等諸多文豪，武將方面，有岳飛、韓世忠這些優秀將領。不僅如此，宋朝的皇帝有極高的文學涵養與藝術造詣，宋徽宗趙佶書畫雙絕，藝術品味極高，寫得一筆好字，細長勁挺的瘦金體就是他

十千
脚店
久住王員外家
香饮子

獨創的字體。

思想方面，宋朝出現了程朱理學，儒學也得到復興；科技方面，改進了火藥、羅盤，發明了活字印刷。現在，就讓我們一起領略宋朝的燦爛文化吧！

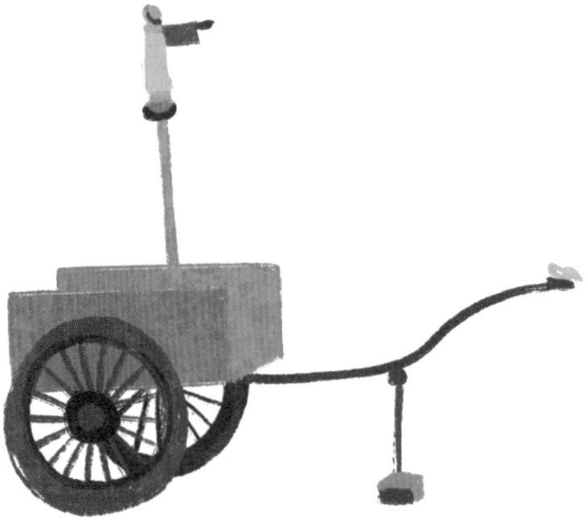

衣食住行

生活在宋朝

衣

唐朝對於不同場合穿什麼衣服有相關規定，宋朝也是如此，但是基本上承襲唐朝的服飾。祭祀的時候要穿祭祀的衣服；官員上朝參加朝會要穿朝服；上班的時候穿工作裝，也就是公服；下班回到家休息則換穿便服。

宋朝官員的衣服和唐朝時期非常像：交領或是圓領，長度過膝，腰間有束帶，頭戴方桶形的「東坡巾」。當時還流行一種叫直裰(ㄉㄨㄛˊ)的對襟長衫，這本來是和尚、道士穿的衣服，但後來也受士大夫喜愛。

食

如果你愛吃，那麼來宋朝一定可以大飽口福！《東京夢華錄》這本書裡，詳細描寫北宋都城汴梁（今河南開封）的繁華夜市。街頭巷尾，處處有美食飄香：肉脯、砂糖冰雪冷圓子、旋煎（現煮）羊白腸、炒蛤蜊、炒螃蟹等，讓人眼花繚亂！唐初嚴格的宵禁不復存在，在宋朝，人們可以更自由的享受夜生活。

除了這些，現在人們愛吃的一些食物，在宋朝已經出現，例如火腿。「火腿」二字，最早出現在宋朝《格物粗談》這本書，明確記載了火腿的做法。南宋有位美食家林洪，專門寫了一本食記《山家清供》，記下不少美食及吃法，包括火鍋。早先，吃火鍋是用「煮」的；宋朝開始，吃火鍋用「涮」的。蔬菜方面，豆芽、豆苗都是新選擇。

想吃零食的話，可以選擇爆米花。不過，宋朝的爆米花不是用玉米做的，而是用糯穀。有趣的是，宋朝人會用這種爆米花，占卜一年的吉凶，甚至測算終身大事！

住

如果說唐朝建築大器莊重，宋朝的建築則是精巧華麗，更注重裝飾與細節。北宋官方頒布了一部《營造法式》，書中詳細記載各類建築物的施工規範，從中不僅能看到當時有哪些建築物類型，還能了解每種建築物的建造準則。而且工匠造房子時，用多少材料、做多大尺寸，都有嚴格規範。

除了傳統木造結構的建築，磚石建築技術也大有進步。出色的磚石建築，主

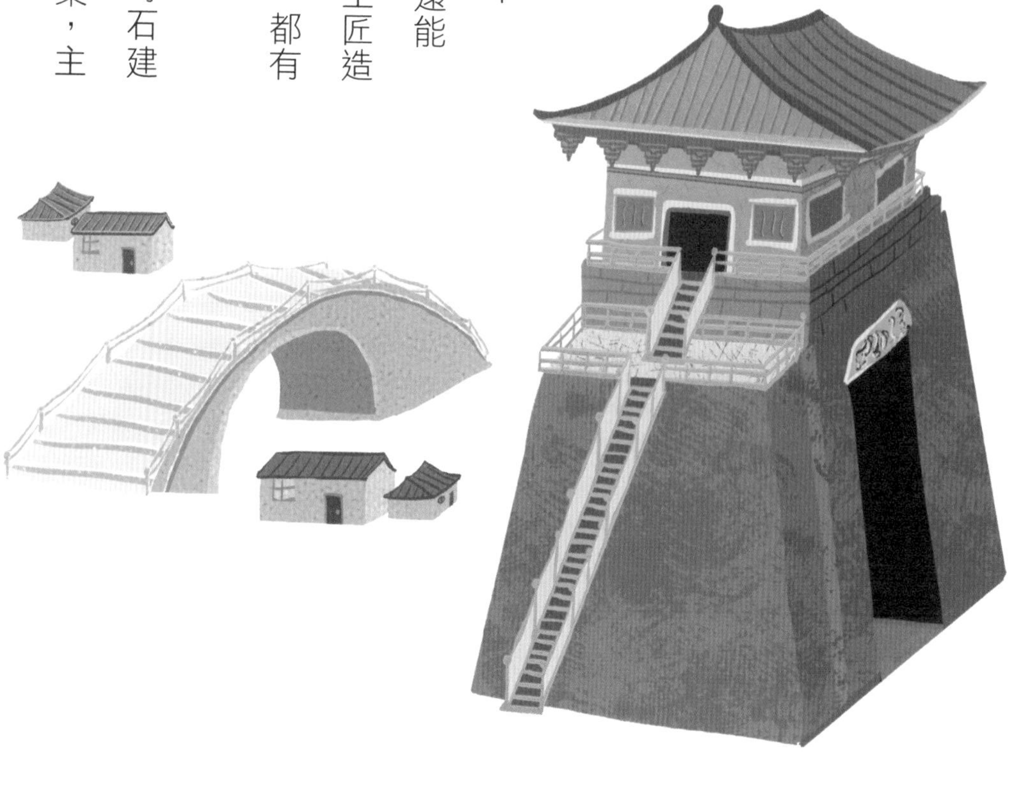

要是佛塔和橋梁。在石造建築方面，仿木結構的應用值得一提。仿木結構就是外觀看起來像是木造，但實際是用石材。宋朝的墓葬，就流行採用磚石建造。

行

宋朝陸上交通工具選擇多，不僅有常見的牛車，還有轎子。轎子由腳力好的轎夫來抬，比馬車平穩舒適。因此到了南宋，官員大都選擇乘轎子出行。雖然唐朝也乘轎子，但兩個朝代的轎子樣式不同。宋徽宗規定，只有官員才能乘「暖轎」，這是一種裝飾了布蓋、布帷，四周封閉的轎子，近似我們在歷史劇裡看到的轎子。

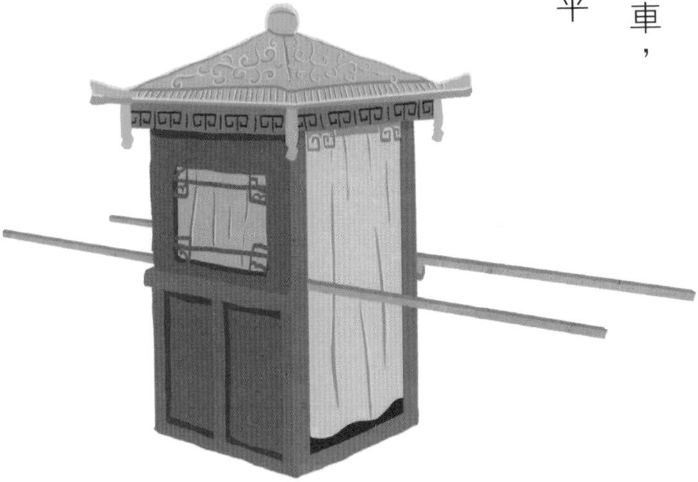

宋朝造船業空前發達。船隻種類繁多、數量龐大，擁有領先世界的造船技術。船隻除了在內河航運與水上作戰使用，宋朝人更是駕船出海，到外國經商。官方也鼓勵百姓造船出海，與海外各國進行貿易往來，增加朝廷收入。根據統計，宋朝曾與海外三十多國貿易往來。當時，從宋朝的海港乘船出發，到今天的新加坡、馬來西亞甚至中東地區做生意，並不是什麼稀奇的事情。

歷史事件01

一次不流血的改朝換代

後周世宗在位時，手下有一名大將叫做趙匡胤，世宗對他非常信任。五代時，將軍憑藉軍權奪取皇位的事件經常發生。趙匡胤與手下看到世宗壯年早逝，兒子恭帝又年幼，就祕密策畫奪取皇位。

九六〇年，在趙匡胤指使下，河北鎮州、定州忽然派人前來謊報軍情，說遼國和北漢聯合入侵，情況危急！後周宰相范質一聽，也不管消息真假，就命趙匡胤率禁軍北上迎戰。走到汴京北邊的陳橋驛時，趙匡胤讓大軍駐紮休息。當天晚上，將士之間就有人倡議「皇帝年幼，應該讓戰功突出的趙匡胤來做皇帝」，多人紛紛響應。

第二天一早，將士們吵嚷著要擁立趙匡胤做皇帝。趙匡胤酒醉剛醒，才走出營帳，就被手下把一件皇帝登基穿的黃袍披到他身上。趙匡胤假意推辭了一番，開心接受了。大軍回到汴京，守城的石守信、王審琦都與趙匡胤交情很好，所以趙匡胤很快就控制了都城開封，登基稱帝，國號為宋，建立了宋朝。

967年，教宗約翰十三世為鄂圖二世加冕

976年，「斧聲燭影」事件，趙匡胤駕崩，趙光義繼位，即宋太宗

▲趙匡胤黃袍加身。

大事記

世界

963年，高麗正式採用宋朝年號

中國

960年，趙匡胤發動陳橋兵變，登基稱帝，建立宋朝

962年，宋朝禁止應試舉子對主考官自稱「門生」

966年，宋朝禁止將帥私自選取軍中精兵做為牙兵（私人武裝）

歷史事件02

「杯酒釋兵權」是怎麼回事？

杯酒釋兵權

趙匡胤當了皇帝以後，想法與之前在後周當將軍時完全不同。他的皇位是手下將軍幫忙從後周小皇帝手裡搶來的，這些將軍個個軍權在握、兵強馬壯，這讓他怎麼放心得下？

據史書記載，有一次，趙匡胤找了個機會請將軍們吃飯。宴會上，他假裝借酒澆愁，問手下的將軍們：「一旦你們的手下也給你們披上黃袍，你

◀趙匡胤杯酒釋兵權。

們又能有什麼辦法呢？」這些將軍聽了，全都心領神會，第二天就紛紛上書，說自己身體不好、年紀大了，做不了大將軍了。趙匡胤也就順水推舟，收回這些將軍的兵權，改用忠心耿耿的文官管理軍隊。

趙匡胤先是收拾了武將，接著把目標瞄準了文官。秦朝以來，文官就一直與皇帝爭奪權力。而文官的領袖——宰相，更是一人之下、萬人之上。宋朝以前，宰相和皇帝一樣，可以在大殿上坐著開朝會。趙匡胤卻規定，朝堂上只有皇帝能夠坐著，如果沒有特殊的恩賜，臣子都得站著。透過此舉，從形式上就把宰相的地位給降低了。接著，趙匡胤又設立參知政事（副相），牽制宰相。

趙匡胤費盡心機削弱了文官武將的權力，卻萬萬沒想到，最終奪取皇位的卻是自己的弟弟。不過，皇位是怎麼轉移到他弟弟手上，歷史上一直存在爭議。九七六年，趙匡胤的弟弟趙光義即位，就是宋太宗。趙光義本名趙匡義，為了避諱趙匡胤，才改了名字。

原來是這樣啊

天子門生

古代以科舉選拔人才，讀書人要通過層層考試選拔，按名次高低授予官職。最高等級的考試由禮部主持，主考官是大臣。

唐朝開始，為了彰顯對讀書人的重視，將最高等級的殿試設在皇宮舉行，由皇帝親自主考。這樣一來，參加殿試的讀書人紛紛引以為榮，而由皇帝親自錄取的科舉狀元等人，也就被稱為「天子門生」。從宋太宗起，殿試成為定例。

987年，宋朝與黨項在王亭大戰，宋軍戰敗

988年，基輔大公引入東正教

989年，契丹攻陷易州

994年，波蘭波列斯拉夫一世征服波美拉尼亞，波蘭獲得到達波羅的海的通道

995年，朝廷利用汴河運米，達到五百八十萬石

996年，拜占庭帝國正式頒布土地法

全國統一

宋太宗即位時，宋朝尚未完成全國統一。九七九年，宋太宗決定攻打最後一個割據地方的政權——北漢。北漢位於今天的山西北部和中部，土地面積很小，人口不多，其實是個非常弱小的政權。但是因為北漢投靠了北方強大的遼國，每次宋軍攻打北漢時，遼的援軍總是及時趕到，所以宋太祖幾次攻打北漢都無功而返。

九七九年情勢改變了。一方面，宋朝已經收復了部分國土，實力大為增強；另一方面，北漢倚仗的遼，正陷入內亂，無法全力支援。宋太宗趁機率領大軍全力攻打，很快打到太原

大事記

世界
- 約980年，格陵蘭島被發現
- 984年，日本僧侶奝然到達宋朝

中國
- 981年，宋朝史學家薛居正去世。他曾負責修撰《舊五代史》
- 983年，遼國恢復契丹國號。黨項人李繼遷背叛宋朝，對宋朝宣戰
- 985年，宋朝與高麗約定共同攻打契丹

城下，並成功擊退遼軍。為了避免更多傷亡，北漢投降了。於是，宋朝完成了全國統一。

原來是這樣啊

臥榻之側，豈容他人酣睡

字面意思是不能允許別人在自己床邊睡大覺。用來比喻「不許別人侵犯自己的利益範圍」。

九七〇年，宋太祖開始統一大業。九七四年，宋軍包圍南唐都城金陵，命令當時南唐的君主李煜到汴京朝覲。李煜不敢，就讓大臣徐鉉（ㄒㄩㄢˋ）代替自己前往。徐鉉向宋太祖說，南唐對宋朝非常恭敬，從來沒有失禮的地方，宋朝為什麼還要攻打南唐呢？宋太祖就生氣的對徐鉉說了「臥榻之側，豈容他人酣睡」這句話。

《太平御覽》與《太平廣記》

《太平御覽》是以李昉為首的一群學者，奉宋太宗之命編寫的一部類書。共分五十五部，引用一千多種古書，保存宋代以前的文獻。全書初名《太平總類》，編成後，宋太宗每天看三卷，花一年時間全部看完，所以後來書名叫做《太平御覽》。

《太平廣記》也是李昉等人編纂的，全書搜集宋代以前的文言紀實小說，可以說是一部故事總集。由於是在宋太宗太平興國年間編撰的，所以得名《太平廣記》。

歷史事件03

跌宕起伏的宋遼關係

燕雲十六州

北宋初年，主要敵人是北方強大的遼國。遼國發源於中國東北，是由契丹人建立的。趁著唐末五代時期中原內亂不斷，逐漸強大起來。尤其在五代時期，遼得到了北方的燕雲十六州（後晉石敬瑭於九三八年割讓給契丹的十六個州，位於今天北京、天津以及山西、河北北部），更是實力大增。

燕雲十六州就像一扇大門，它險要的地勢和連綿的山脈，自古以來就是中原王朝防禦北方民族入侵的重要防線。

但是，宋朝初建時，對外尚未完成統一，對內則是權力分散在文官武將的手中，根本不是遼的對手。於是宋太祖採取「先南後北」的策略，先進攻南方的割據政權。對於遼國手中的燕雲十六州，宋太祖像今日民眾存錢買房一樣，設立了專門的「封樁庫」，準備存一大筆錢，直接從遼國手中贖回。

北宋初年，宋遼關係較為緩和，人民常在邊境私下進行貿易。遼的牲

◀宋人與契丹人在邊境的榷場進行交易。

畜、毛皮，與宋的茶葉、瓷器、絲綢，都是對方所需物資。所以宋朝便在幾個州，劃出專門的地方，設立榷場（互相交易的市場），與遼進行貿易。邊境商人絡繹不絕，一派繁榮景象。

▲佘太君及楊門女將的故事（大多為戲曲小說所虛構）在民間廣為流傳。

澶淵之盟

有燕雲十六州的問題存在，宋遼之間的和平永遠只是假象。宋初短短幾十年，宋遼之間就爆發多次戰爭，宋軍總是居下風。

九九七年，宋朝第三任皇帝宋真宗即位。遼國趁著宋朝剛換新皇帝，一〇〇四年，蕭太后與遼聖宗親率大軍南侵。宋朝朝廷為真宗是否應該北上親征展開激辯。包括宋真宗在內，多數人都

原來是這樣啊

楊家將

楊家將是北宋著名的軍事家族，楊繼業、楊延昭、楊文廣三代，先後投身軍隊，東征西戰，抵抗遼與西夏，立下了顯赫戰功。由於人們非常喜愛楊家將，透過文學、藝術，塑造了佘太君、七郎八虎、楊門女將，使他們武藝高強、忠心為國的形象深植人心，成為與岳飛、關羽並肩的忠義化身。

大事記

世界：
- 1008年，日本人至開封覲見宋朝皇帝
- 1010年，法蘭西帝國開始迫害猶太人

中國：
- 1009年，宋朝加封孔子弟子及歷代大儒

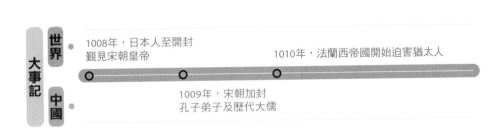

主張遷都南逃，但宰相寇準站出來斥責那些建議南逃的大臣，力主真宗應該親自去前線鼓舞士兵。在寇準堅持下，膽怯的宋真宗只好親上前線視察。

此前，遼國大將蕭撻覽，在澶州城下被宋軍發箭射殺，遼軍氣焰頓消。接著，宋真宗又親赴前線，宋軍士氣大振，個個奮勇爭先。情勢逆轉之下，遼願意與宋議和。一〇〇五年，兩國在澶州城下訂立盟約，約定雙方是兄弟之國，宋每年給遼十萬兩白銀和二十萬匹絹布。

議和之後，宋遼兩國不曾再爆發大規模戰爭，時間長達一百二十多年。

1019年，大公雅羅斯拉夫遷都基輔，俄羅斯經濟文化水平顯著提高

1020年，宋朝開掘揚州古河，用來擴大漕運規模，分江南路為江南東路、江南西路

1021年，大食向契丹求親

東封西祀

澶淵之盟，讓宋朝擺脫了戰爭威脅，進入平穩發展時期，百姓獲得難得的喘息機會，史上稱這段時間為「咸平之治」。

宋真宗覺得自己簽了澶淵之盟，十分英明神勇！他完全忘記當初遼軍打到澶州城下時，自己如何的驚慌失措。看到百姓的生活安定了，外敵入侵的危機也解除了，真宗開始覺得自己的智謀與豐功偉績，比起秦始皇、漢武帝，相去不遠！

於是，在宰相王欽若等人鼓動下，一〇〇八年起，宋真宗率群臣往東去泰山封禪ㄕㄢˋ、去曲阜祭拜孔子，往西去汾陰（今山西）祭祀后土、拜謁三清神。這些行為，平白增加了國庫及沿途所經地區百姓的負擔，民間怨聲載道。

大事記

世界
- 1014年，德意志國王亨利二世被羅馬教宗加冕為神聖羅馬帝國皇帝
- 1016年，比薩人與熱那亞人占領撒丁島

中國
- 1015年，王欽若撰寫后妃事迹，名為《彤管懿範》

▲宋真宗去泰山封禪。

成語講堂

書中自有黃金屋，書中自有顏如玉

宋真宗為了激勵讀書人考科舉，為國家出力，特地作〈勸學詩〉：「富家不用買良田，書中自有千鍾粟。安居不必架高堂，書中自有黃金屋。娶妻莫恨無良媒，書中自有顏如玉。出門莫愁無人隨，書中車馬多如簇。男兒欲遂平生志，六經勤向窗前讀。」此後，千百年來，勸人刻苦學習，都跳脫不出「書中自有黃金屋」，形成「只要書讀得好，功名富貴自然到來」的刻版觀念。

歷史事件04

北宋城市的大發展

管理城市的新辦法

宋真宗對自己的政績很得意，東封西祀，十分誇張，但百姓生活確實逐漸好轉。當時都城汴京的規模算是世界級大城市！宋朝以前，中國的城市都歸城市所在的縣城管理，即使是唐朝都城長安那樣的國際大都市，也僅由兩個小小的縣令來管理。到宋朝時，隨著城市規模越來越大，縣令逐漸管不過來。於是真宗下令，汴京城內的事，由皇帝專門派官員管理，縣令只需管好城外的事情就好。這樣一來，等於宋朝開始把城市與農村分開管理了！

隨著城市與農村分開管理，官員收稅可遇到難題了。唐朝及五代時期，朝廷是按人頭和田裡收成，分五個等級收稅。宋朝城鄉分治以後，問題來了。一方面，很多城裡人根本不種地，難道就讓這些人不繳稅嗎？另一方面，城市和農村的收入差距大，仍依五個等級收稅，就會出現富人少繳、窮人多繳的情況，並不公平。

一〇一九年，真宗命令官員從汴京城開始，設立坊郭戶，把城市和農村區別開來，城市的人，按照收入分為十個等級繳稅。這樣朝廷能多收到稅款，百姓也覺得更加公平。

▶ 福建建窯黑釉兔毫盞（右圖上）、河南汝窯青瓷蓮花碗（右圖下）。

原來是這樣啊

景德鎮

景德鎮是中國的「瓷都」，源起宋朝。宋代生產瓷器水準最高的五大名窯是「官、哥、汝、定、鈞」。除了這五大名窯之外，當時江西地區的昌南鎮也出產品質非常好的瓷器，宋真宗特別喜歡，選了一批做為貢品。這批進貢的瓷器都刻上了年號景德，真宗一高興，大筆一揮，就把生產這些瓷器的昌南鎮改名為景德鎮。

平民的娛樂

經歷晚唐到宋朝前期幾百年的戰爭，宋真宗在位時，百姓終於能夠喘口氣，不用擔心哪天又要打仗，而能安心的積極生產。

吃飽穿暖之餘，人們開始重視休閒娛樂了，這時候，出現了專門提供休閒娛樂的場所，叫做勾欄瓦舍。勾欄類似現在的小劇場，瓦舍是勾欄所在的街區，街區裡有大大小小的勾欄，每間勾欄都有名字，表演不同的演藝項

▼北宋的勾欄瓦舍，是百姓休閒娛樂的地方。

目。

勾欄裡不僅有表演，也有其他娛樂活動，例如蹴鞠（ㄘㄨˋ ㄐㄩˊ）、相撲等等。蹴鞠跟現在的足球運動很像，把皮球踢進球門就能得分，甚至已經出現專門的充氣皮球了。雖然那時還不懂得提煉橡膠，但是宋人找到了很好的替代品——豬膀胱。把豬膀胱充氣之後，外面縫上一層皮革，就是一顆最好的皮球了。不論達官貴人還是平民百姓，都喜歡蹴鞠，甚至連皇帝也是蹴鞠高手呢！

▲蹴鞠是當時流行的遊戲。

宋朝的瓦舍，其實很像現在的商業街，不僅有得逛、有得玩、有得吃，什麼都有得賣，甚至夏天也賣刨冰、冷飲呢。雖然宋朝沒有冰箱，無法製冰，但人們會在冬天江河湖海結冰的時候，鑿下大塊的冰塊，運到專門的冰窖保存起來，即使存到來年夏天也不會融化。因此，瓦舍有人專門在夏天出售冰涼又解暑的刨冰呢。

▲宋人愛喝茶，閒暇時流行「鬥茶」，
就跟體育競技一樣，是有勝負的娛樂
活動，人們會聚在一起互相評比茶的
優劣。

歷史事件05

商業大繁榮的北宋

大權在握的劉太后

一〇二二年，真宗病重，太子（也就是後來的仁宗）年紀還小，根本不能治理朝政，這就給真宗的皇后劉氏乘虛而入的機會。此後十一年，劉太后以皇帝年紀太小、需要她輔助為由，垂簾聽政。劉太后表面是幫助皇帝處理朝政，實際則把持了國家和朝廷。劉太后垂簾聽政時期帶頭節儉，國家經濟發展穩定。

大事記

世界
1032年，威尼斯始設理事會與元老院

中國
1033年，宋朝劉太后去世，仁宗皇帝開始親政

世界
1034年，宋朝賜給西夏《大藏經》

中國
1035年，宋朝修成《中書總例》

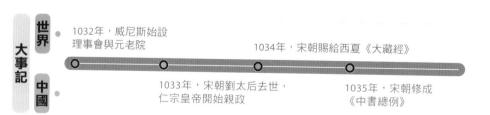

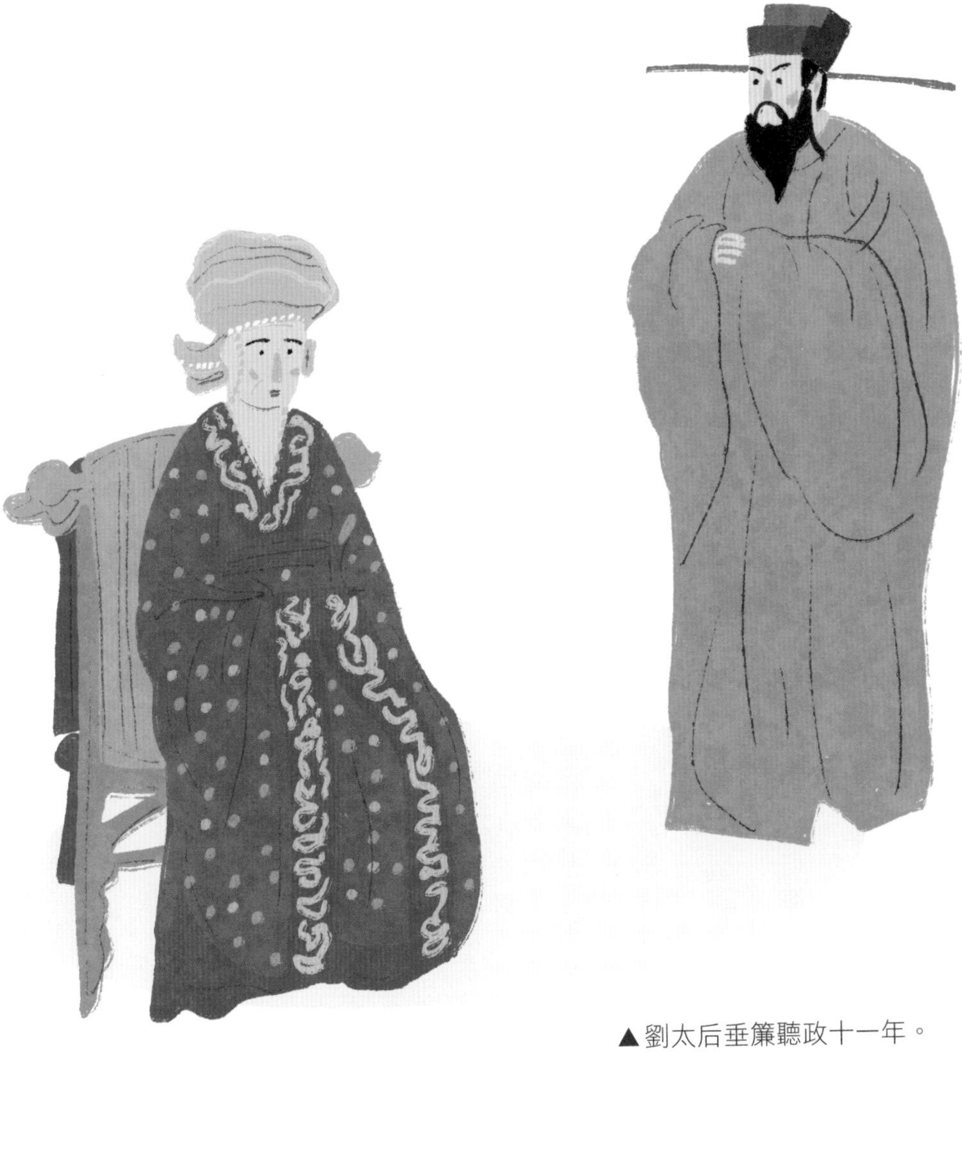

▲劉太后垂簾聽政十一年。

劉太后掌政期間，發展最快的是益州和揚州了。尤其是益州（今四川一帶），它是當時除了都城汴京之外，最繁華的城市之一。

經濟繁榮，商業發達，人們的消費能力與欲望就會增強，市場也就需要更多貨幣。在沒有電子支付的古代，主要貨幣是銅錢。但是當時經濟發展實在太快，鑄造銅錢的速度怎麼也跟不上。一開始，人們想用鐵錢來代替銅錢，問題是鐵錢比銅錢重多了，用起來不方便。於是，人們就想到了紙幣。在一張紙上畫上圖案，標明這張紙可以當做一定數量的銅錢來花，只要約定所有的商店都認可這種錢，不就行了！紙幣又輕又薄，又可以省下寶貴的銅，還能做各種標記來防偽，可說是理想的貨

1027年，康拉德二世加冕為神聖羅馬帝國皇帝

1028年，黨項、交趾攻擊宋朝邊境

1031年，龜茲國、沙州向宋朝朝貢

▲北宋發行的紙幣——交子。

大事記

世界

1023年，基督徒在耶路撒冷修醫院，
逐漸形成「醫院騎士團」

中國

1022年，宋真宗駕崩，
宋仁宗趙禎即位，劉太后垂簾聽政

1026年，宋朝修築泰州海堤

幣。這種紙幣，稱為交子，最早是由商人發行，在民間流通，後來官府也看出交子的優勢，於是在一〇二三年，首次由官方發行了交子。

原來是這樣啊

四川

宋朝中央政府轄下的行政單位叫做「路」。宋太祖趙匡胤征服後蜀之後，在這裡先後設立西川路、峽西路，宋太宗時合併為川峽路。後來隨著經濟發展、需要管理的事務變多，真宗就把原先的川峽路分為四路，分別是益州路、梓州路、利州路和夔州路，人們稱之為「四川路」，這正是今日四川這個名字的由來。

歷史事件06

北宋與西夏的關係

屢戰屢敗的北宋

澶淵之盟後的幾十年間，宋朝與周邊國家不曾爆發大型戰爭，君臣的心防漸漸鬆懈了，軍方對士兵的操練也日漸鬆弛，將領開始貪汙受賄、苛扣軍餉，軍隊戰鬥力大幅削弱。

就在這時候，位於西北方的黨項族，悄悄壯大起來。黨項族主要活動範圍在現今寧夏、甘肅、陝西一帶，是個非常彪悍的民族，戰士個個勇猛好戰。之前因為實力弱小，所以暫時臣服宋朝，接受宋朝封號以自保。

一〇三二年，李元昊成為黨項族的新首領。李元昊野心勃勃，一心想為黨項族打下更大的江山。六年後，李元昊進一步稱帝，建國號為大夏，史稱西夏。

建國之後，李元昊迫不及待的向宋進攻。一〇四〇年，宋、夏兩國在三川口（現今陝西延安一帶）大戰，宋軍大敗；第二年，宋軍在好水川（現今寧夏隆德一帶）中了西夏的埋伏，再次大敗。又過了一年，雙方在定川寨（現今寧夏固原一帶）又打了一仗，被打怕了的宋軍，與西夏軍隊才剛交鋒，就四散奔逃，又一次大敗。連三戰失利，把耽溺於太平歲月的宋朝君臣打醒了。

慶曆新政

與西夏交戰一敗再敗，宋朝君臣終於認清形勢嚴峻。此時宋朝有許多問題一一浮現：百姓的納稅負擔越來越重，朝廷官員拉

1045年，東西羅馬帝國兩大教宗，互相開除對方

1044年，緬甸蒲甘王朝，王子阿奴律陀登基

1042年，宋朝與契丹議和，增加給契丹的歲幣

▲李元昊稱帝，建立西夏。

大事記

世界

中國

1038年，李元昊登基稱帝，建都興慶府，定國號為大夏，史稱西夏

約1041年－1048年，畢昇發明活字印刷

幫結黨、利用特權；官員越來越多，能臣卻越來越少；軍隊規模很大，能打仗的卻越來越少；國家稅負很重，府庫裡的錢糧卻越來越少。

勵精圖治的宋仁宗，為此非常憂慮，他罷免了消極任事的宰相呂夷簡，任命改革派官員范仲淹、富弼等人改革時弊，還任命清廉公正的包拯（就是民間傳說中的「包青天」）擔任開封府知府。

范仲淹、富弼上臺後，對國家內憂外患的處境十分著急，一下子推出十項改革方案，並將其中六項付諸執行。這六項，幾乎全是針對那些貪腐官員，既對官員政績進行考核，又派人監督巡視官場，限制官員任命親戚做官。此外，廣辦學院，積極培育人才。

這些改革政策如果能好好推行，確實能讓國家氣象一新。問題是，范仲淹他們太心急了，一口氣同時推動多項新政，大批官員被逼急了，迅速聯合起來攻擊、排擠改革派，甚至說范仲淹他們暗中預謀廢黜宋仁宗，另立皇帝。

漸漸的，范仲淹他們失去了皇帝的信任及其他官員的支持，改革也推行不

▲北宋名臣包拯。

大事記

世界

1050年，根據《聖經》故事創編的宗教劇開始在歐洲流行，後來發展為神祕劇

中國

1049年，宋朝在開封建造祐國寺塔，這是中國現存最早的琉璃面磚塔

1052年，少數民族壯族首領儂智高起兵反宋

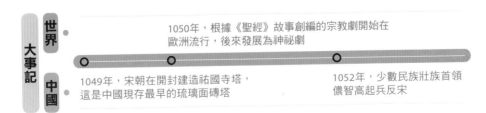

下去了。一〇四五年，實施不到兩年的改革，隨著范仲淹等人貶官，宣告失敗。

半世紀的和平

西夏方面，對宋朝發動戰爭，雖然取得三勝戰績，但是自身也損失慘重。西夏地處人口稀少、土地荒蕪的西北，本身缺乏資源，與宋朝連年戰爭，使得貿易斷絕、物資短缺，這時內部又爆發叛亂，原本是盟友的遼國也蠢蠢欲動，準備攻打西夏。在內外交迫之下，李元昊不得不選擇與宋和談。

黨項族是遊牧民族，許多生活必需品無法自

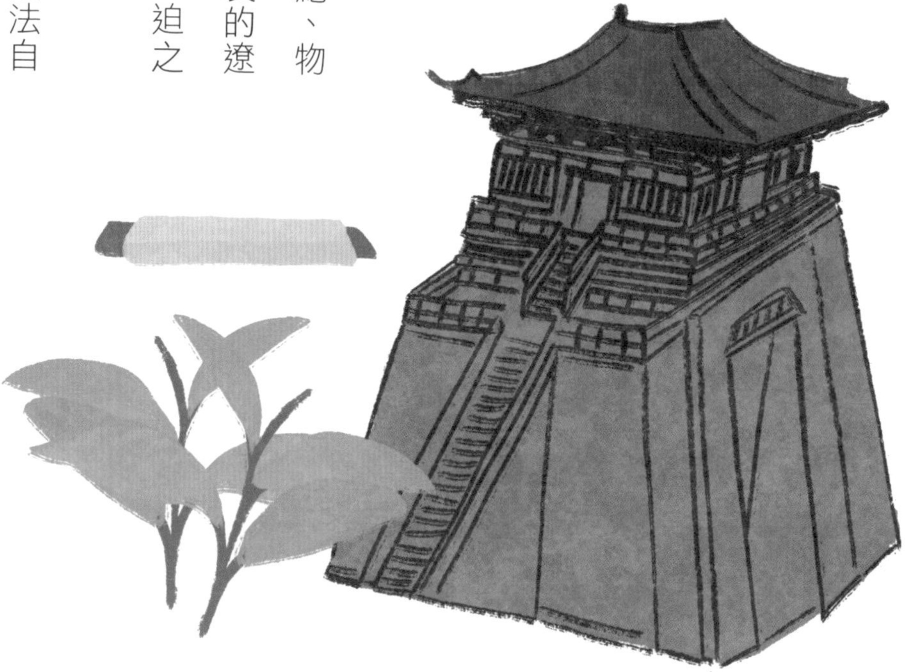

行生產。原先還能經由邊境貿易，用牛羊馬匹，換來生活所需的茶葉、絲綢等。與宋開戰之後，西夏國內這些東西都陷入短缺。靠打仗得來的戰利品，還不如之前與宋人做生意來得充沛。

西夏建國且日漸壯大，使得遼國警惕起來。遼可不願意自己旁邊多出一個敵人，於是，強大的遼軍集結，準備征討西夏。此

▶ 慶曆和議後，宋人與西夏人在邊境榷場做生意。

時西夏如果繼續與宋開戰，將面臨同時對抗宋、遼兩大強敵，相當不利。於是李元昊當機立斷，派人與宋議和。

一〇四四年，宋與西夏達成和議，西夏向宋稱臣，宋每年給西夏十五萬匹絹、三萬斤茶葉和七萬兩白銀，做為回報。此後幾十年，在這份和約約束下，雙方沒有爆發大規模戰爭。

原來是這樣啊

先天下之憂而憂，後天下之樂而樂

〈岳陽樓記〉是范仲淹的名篇，寫於一〇四六年。慶曆五年（一〇四五年），范仲淹罷相，他主導的慶曆新政失敗。但是，一心為國的范仲淹並沒有灰心喪氣，他本人雖然不在朝堂之上，但是心他的心時時刻刻牽掛著國家、百姓。

〈岳陽樓記〉看似是記述岳陽樓重修的經過以及美麗的景色，但范仲淹藉此表達了自己的態度是「不以物喜，不以己悲」，他並沒有灰心。「先天下之憂而憂，後天下之樂而樂」，則表明不論身分與處境如何改變，不變的是他愛國愛民的情懷。

1060年，高麗任命宋朝進士盧寅為校書郎

1061年，當陽建玉泉鐵塔，這是中國現存最高的古代鐵塔

1063年，諾曼人渡海進入西西里，驅逐了那裡的阿拉伯人

1066年，文學家蘇洵去世

歷史事件07

讀書人的黃金時代

古文運動

北宋初年，盛行魏晉以來慣寫的駢文。駢文有固定的文體格式，每句字數有一定的限制，並且要符合音韻。這樣寫出的文章，雖然詞藻華麗，但是讀者不易體會、也難產生共鳴。因此，皇帝與有見識的大臣，倡導書寫不拘格式、最容易表達自己感情的散文。關鍵人物，是北宋大文學家歐陽修。

當時，許多太學生寫文章喜歡故意賣弄才學，專門寫奇怪生僻的字詞典故，這種文章被稱為「太學體」。仁宗任命歐陽修主持科舉，

大事記

世界

1058年，日耳曼人在波羅的海東岸設立商棧

中國

1057年，歐陽修倡導平易樸實的文風

1059年，泉州建成中國第一座海港大石橋洛陽橋

他藉此機會，讓那些寫太學體文章的考生統統落榜了。這次科舉錄取的人才，包括後來與歐陽修同列「唐宋八大家」的蘇軾、蘇轍和曾鞏。從那以後，讀書人寫作的文風有了大幅轉變，歐陽修倡導的第二次古文運動成功了。

八位傑出文學家

從唐朝到北宋，散文寫得特別好的，有八位傑出文學家，被後世稱為「唐宋八大家」，他們分別是：唐朝的韓愈、柳宗元，北宋的歐陽修、曾鞏、王安石、蘇洵、蘇軾、蘇轍。

1081年，拜占庭帝國進入科穆寧王朝

1075年，宋越熙寧戰爭爆發

1078年，宋朝堵塞黃河決口，並修築一百十四里長的新堤

1080年，宋神宗開始改革官制。修成《元豐九域志》

歐陽修

歐陽修是北宋古文運動領導者，擅長多種文體。他寫議論政事的文章，條理清晰，深刻又明白。他的散文文詞生動、情感細膩。〈醉翁亭記〉是他的散文名篇。

曾鞏

曾鞏不同於其他幾位，他擅長寫講述道理、議論國家大事的策論文。在那個看重華麗辭藻的時代，文風樸實的曾鞏，因為堅持寫這種策論文，多次無法通過科舉呢！曾鞏的文章就和他的為人一樣，誠懇樸實卻思考深刻。他也是八大家之中，離文學最近、離政治最遠的人。代表作之一是〈寄歐陽舍人書〉。

大事記

世界

1073年，格里高利七世當選教宗，大力提倡改革

中國

1067年，宋神宗即位

1069年，王安石變法開始

王安石的散文，文如其人，犀利而直接。他主張寫文章一定要有用處。代表名篇之一是〈傷仲永〉。

蘇洵、蘇軾、蘇轍父子三人，都是北宋傑出文學家，並稱「三蘇」，又以蘇軾才情最高。

蘇軾不僅文章好，詩詞出色，書法、繪畫更是一絕，是全才藝術家。他的散文氣勢恢宏，令人耳目一新。代表作之一是〈赤壁賦〉。

蘇軾的父親蘇洵、弟弟蘇轍，散文各有特色。父子三人曾同時以〈六國論〉為題，各寫一篇文章，自抒己見，這三篇文章都成為歷史名篇。

宋詞

唐朝文人擅長寫詩，「詩仙」李白、「詩佛」王維、「詩聖」杜甫、「詩鬼」李賀都是知名的唐朝詩人。宋朝文人則擅長寫詞。

詞不同於詩，它本來不是一種單獨的文學體裁，而是搭配曲子、用來彈唱的歌詞。詞有固定的詞牌，不同詞牌，各有一定的句數、字數。相較於詩，詞的變化更多，吟詠起來更動人。

早在五代時期，文人就開始寫詞了。北宋初年的詞，主要在宮廷流傳，又因為要用來吟唱，所以內容大多是閨閣女子的小哀愁、小幽怨，這類詞人被歸類為婉約派。令人驚奇的是，這類詞人可非弱柳扶風、嬌滴滴的女性。古文運動的領導者歐陽修，就是婉約派詞人。

除了歐陽修之外，還有另一位知名的婉約派詞人——柳永。柳永是個失意文人，多次參加科舉考試不中，灰心喪氣、一心寫詞。柳永的詞，長長的、慢慢的，唱起來非常好聽。當時有個說法，凡是有水井的地方，就能聽到人們唱柳永的詞。柳永的代表作有〈雨霖鈴・寒蟬淒切〉、〈蝶戀花・佇倚危樓風細細〉、〈少年遊・長安古道馬遲遲〉等。

▲柳永是婉約派詞人的代表。

全能藝術家蘇軾，則在詩詞領域開創了另一種派別——豪放派。蘇軾的詞，真摯深刻又豪情萬丈。代表作有〈水調歌頭・明月幾時有〉、〈念奴嬌・赤壁懷古〉、〈江城子・乙卯正月二十日夜記夢〉、〈江城子・密州出獵〉、〈定風波・莫聽穿林打葉聲〉等。

〈定風波‧莫聽穿林打葉聲〉

蘇軾

莫聽穿林打葉聲，何妨吟嘯且徐行。
竹杖芒鞋輕勝馬，誰怕？一蓑煙雨任平生。
料峭春風吹酒醒，微冷，山頭斜照卻相迎。
回首向來蕭瑟處，歸去，也無風雨也無晴。

◀蘇軾是豪放派詞人的代表。

歷史事件08

改革？守舊？宋神宗的選擇！

神宗的選擇

宋仁宗在位時，范仲淹、富弼主導改革，但新政僅推行一年多就草草結束。因此，自真宗時期積累下來的種種問題，還是沒有解決。官員越來越多，軍隊規模越來越大，國家負擔越來越重。帶著這樣的遺憾，仁宗去世了，他的繼承人英宗即位沒有幾年，也因病去世。這時候，北宋迎來了一位年輕的皇帝——宋神宗。

1088年，宋朝開始製造水運儀象臺

1092年，宋朝命令陝西、河東加強邊防

1094年，歐洲北部流行傳染病，許多人喪生

◀神宗即位，王安石擔任參知政事，進行變法。變法影響範圍很大，包括水利、軍事、土地、經濟，同時，他也主張裁員，革除冗員。

大事記

世界
- 1084年，教宗克雷芒三世為神聖羅馬帝國皇帝亨利四世加冕
- 1086年，英國編成《末日審判書》（即《土地賦稅調查書》）

中國
- 1085年，理學家程顥去世
- 1087年，宋朝在泉州增設市舶司

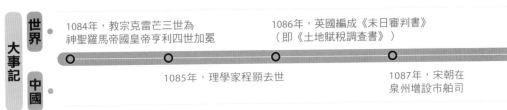

神宗是一個年輕有志向的皇帝，他懷著富國強兵的理想，迫切想改變現狀。在滿朝大臣中，神宗想到兩個人，一位是改革派大臣王安石，一位是守舊派大臣司馬光。王安石強調，要改變現狀，須從根本上改革制度；而司馬光則認為必須維護傳統制度，只須適當裁減人員就好。在仔細考察半年之後，神宗選擇了做法更激進、改革作風更徹底的王安石。

王安石變法

一〇六九年，轟轟烈烈的「熙寧變法」啟動了。王安石為實現富國、強兵、育才這三個目標，制定了十大改革方案，分別是：均輸法、青苗法、免役法、方田均稅法、農田水利法、市易法、保甲法、將兵法、保馬法、軍器監法。

農業方面，王安石認為應該重新丈量土地，修築水利，並由官府出面借錢給農民度過難關，農民可出錢雇人代替自己服徭役。

商業方面，官府進入市場低買高賣，派專人運輸，降低成本。

軍事方面，由專人督造兵器，讓百姓認養戰馬，加強對軍隊的訓練。

編制方面，裁撤沒有政績的冗員。

王安石在基層工作多年，這些都來自他的親身觀察，也符合社會的實際情況，如果好好執行，本可有效改變北宋朝廷風氣與社會經濟面貌。但與慶曆新政的問題一樣，王安石太急於革新，遭到保守派官員強力抵抗。

原來是這樣啊

開拓邊疆

宋神宗任用王安石進行變法的同時，也雄心勃勃想要開疆拓土。當時主要外患是西北的西夏。為了打擊西夏，神宗任命王韶招撫西夏附近的游牧民族，夾擊西夏。在王安石支持下，王韶花費幾年時間，成功收復了宕、疊、洮、岷、河等州。然而，要守住這些地方，須持續投入龐大的財力、軍力，結果反而大為耗損了北宋國力。

新舊派對抗

王安石推行變法過於急切，而且推行過程中忽視了現實層面的反彈。以司馬光為首的大批主張保守舊制的官員，團結在一起，阻礙王安石變法，雙方展開激辯。

司馬光寫了好幾封〈與王介甫書〉（王安石，字介甫），說王安石變法是違反祖宗制度，是不切實際的胡鬧；王安石則毫不示弱的寫了〈答司馬諫議書〉（司馬光，當時擔任右諫議大夫），向司馬光表明自己改革決心堅定。雙方各執一詞，誰也不能說服對方。最終，直到北宋滅亡，改革派與保守派之間的鬥爭都沒有停止。

王安石變法所推行的青苗法，最受官員抨擊。依照青苗法，當農民耕種青黃不接時，可由官府借錢給農民，等農民有了錢，

1101年，高麗獲得宋朝賜給的《太平御覽》及《神醫普救方》

1104年，宋朝立元祐黨籍碑，禁止元祐學術

▲保守派的司馬光寫〈與王介甫書〉，指責王安石變法。改革派的王安石則回了一封〈答司馬諫議書〉；兩派為了變法，激烈鬥爭。

大事記

世界

1098年，十字軍占領安提阿，歐洲人第一次吃到了甘蔗與蔗糖

中國

1096年，遼建妙應寺喇嘛塔，今北京白塔的前身

1100年，李誡寫成《營造法式》，這是世界上最早的建築手冊

再連本帶利還給官府。官府的利息比民間低，對百姓比較優待。但是這條法令推行到地方卻變質了，地方官往往不管百姓是否需要，強行借錢給百姓，讓百姓莫明其妙多出許多稅負，對王安石的變法也就不那麼支持了。

改革關鍵時刻，隨著反抗力度越來越強，宋神宗打了退堂鼓。

王安石再次遭到罷相，變法最後仍然失敗了。

原來是這樣啊

司馬光與《資治通鑑》

《資治通鑑》是司馬光主編的一部編年體史書，從周威烈王二十三年（西元前四〇三年）寫起，到五代後周世宗顯德六年（九五九年）征淮南為止，涵蓋一千三百六十二年歷史，費時十九年，全書二百九十四卷，三百多萬字。宋神宗認為，讀這部書可以了解過往，做為治國參考，將這部書賜名《資治通鑑》。

歷史事件09

北宋的大發明家

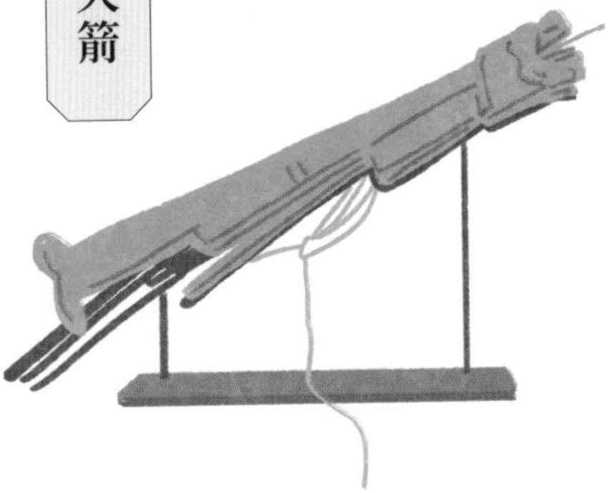

古代火箭

馮繼升做出火箭

北宋是科學技術迅速發展的時代，出了一批發明家和科學家。

唐朝道士煉丹時，偶然間發現火藥。經過五代到北宋初年的發展，人們又探索出多種火藥配方。九七〇年，兵部的官員馮繼升等人，做出了最早的火箭，進獻給宋太祖。

這種火箭跟現代的火箭不一樣，它是把一個

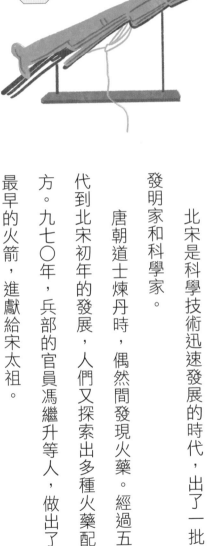

鑽了小孔的火藥筒捆在箭上，射箭時點燃火藥筒的引線，產生火藥氣體推著這支箭射出去。這種火箭比一般的箭射得更快更遠，威力更大。

燕肅研究潮汐

燕肅是宋真宗年間的進士，曾任禮部侍郎，利用閒暇時間從事科學研究。

一〇二七年，他根據古書中的簡單記載，復原製作出指南車。一〇三〇年，他發現原有的計時工具刻漏不夠準確，就自己動手，發明了新的計時工具蓮花漏，大

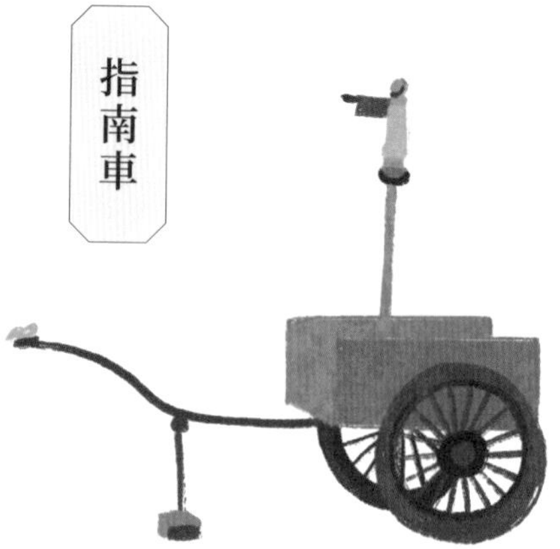

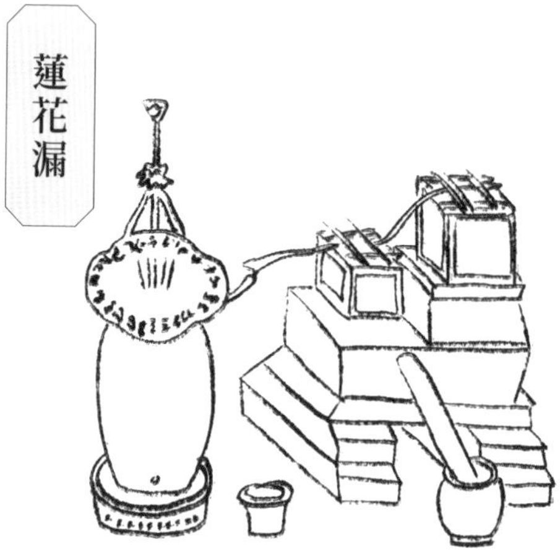

受歡迎。此外，燕肅還潛心研究海潮的運動變化規律。花了十年時間實地考察，在一〇二二年寫出著名的《海潮論》，這本書是我國古代難得的潮汐研究專書。

復刻記里鼓車

古代皇帝出行的儀仗，有一種特殊車輛叫做記里鼓車。這是一輛裝著一面鼓的二輪馬車，鼓的兩端各坐著一個拿著鼓槌的木頭小人。木頭小人的手，通過機械裝置，與車底的齒輪相連。

車子每走一里，小人手中的鼓槌就會落下敲鼓，人們只要記住敲了幾下鼓，就知道行車的距離了。可惜記里鼓車的製造

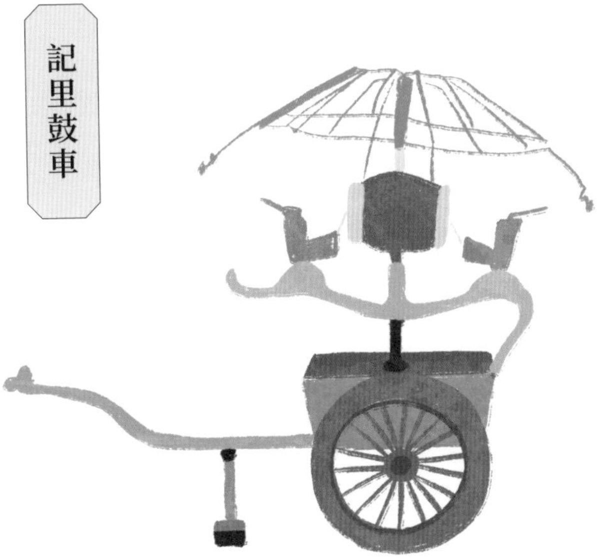

方法，在宋以前已經失傳了。一〇二七年，一個叫盧道隆的人，發揮巧思，重新製造出記里鼓車。他造的車更先進，每十里還會敲一下鉦（ㄓㄥ）（銅製樂器），人們計算路程更為方便。但是現今能發現的只有漢代記里鼓車的復原圖，北宋時期的尚未復原。

畢昇與印刷術

宋朝鼓勵讀書，讀書人變多，書籍需求大增。在宋以前，人們印書很辛苦。那時印一本書，要先把書的每一頁都反刻在木版上，再一頁頁刷上墨，印在紙上。每印一本書，都要刻很多木版，費時費力。這時，有個叫畢昇的刻工，發明一種新的印書方法——膠泥活字印刷術。做法是用膠泥刻字，一個字一個印，需要印書的時候，只要把這些字碼排進框裡，刷上墨就行。用這種方法可以快速印書，很快就普及起來。

蘇頌造天文鐘

蘇頌是北宋中期名臣，做過宰相，在科學方面的主要貢獻，是醫藥學和天文學。

一〇八八年，在他領導下，製出世界上最古老的天文鐘「水運儀象臺」。這種天文鐘，除了演示天象之外，還具報時功能。水運儀象臺完成後，蘇頌把水運儀象臺的總體和各部件，用圖像的形式描繪下來，寫成《新儀象法要》，被英國歷史學家李約瑟譽為「中國古代及中世紀最偉大的博物學家和科學家之一」。

▲北宋的水運儀象臺，構造符合
近代天文鐘原理。

沈括寫《夢溪筆談》

沈括從小刻苦好學，長大後入朝做官。一〇八九年，五十九歲的沈括隱居在潤州（今江蘇鎮江）夢溪園，鑽研科學。

沈括廣泛搜集、認真記錄當時各種自然科學知識與科學技術，寫入《夢溪筆談》，內容橫跨天文、數學、物理、化學、生物等領域知識，博聞多識，也為北宋的科學技術留下一些紀錄。

沈括

▲沈括寫《夢溪筆談》。

最早的火藥配方

《武經總要》是中國第一部由官方編修的綜合性軍事書籍，由宋仁宗命令曾公亮與丁度奉編寫。書中收錄宋朝以前的兵法兵書、軍事制度，更難得的是詳細記載當時多種武器裝備的製造方法，包括火藥配方——針對不同目的而有不同配方，有專門放火的，有專門放毒煙的。

歷史事件10

他創造了藝術的璀璨，卻是亡國之君

是皇帝，也是大藝術家

王安石變法失敗，宋朝很快又恢復舊制，而宋神宗也鬱鬱寡歡，很快就去世了。他的兒子宋哲宗是個碌碌無為的皇帝，在哲宗統治期間，北宋國力越來越弱。又過了十幾年，北宋江山傳給哲宗的弟弟徽宗。

宋徽宗是北宋第八個皇帝，聰明好學、熱愛藝術，琴棋書畫樣樣精通，還下詔設立書學、畫學、算學，專門研究寫字、畫畫、算術。宋徽宗甚至把繪畫納入科舉考試。

有熱愛藝術的皇帝，人們對藝術的熱情自然提高，優秀的畫家輩出。宋朝繪畫的一大特色就是筆觸極為細膩。《清明上河圖》就是這個時期的畫作。畫家張擇端以精緻的工筆，描繪清明時節，北宋都城汴京的繁華景象，從市郊到汴河，再到都城汴京街景，高處鳥瞰、移步換景。這幅畫現在是無人不知的國寶級文物。

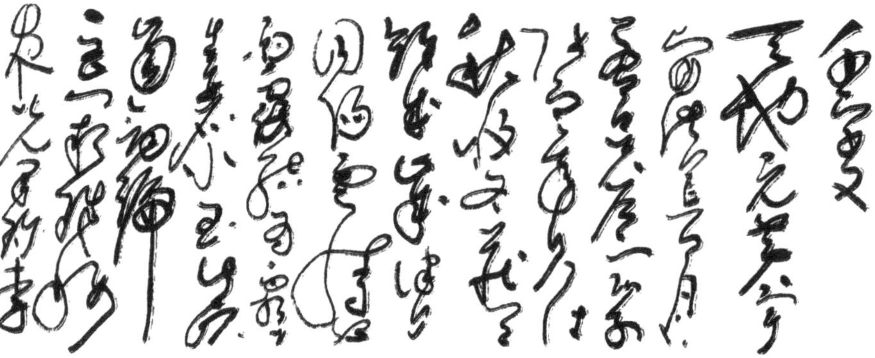

▲草書。

▲隸書。

▲熱愛藝術的宋徽宗聆賞音樂。

宋徽宗對書畫收藏及金石學都很有研究，還非常喜歡茶藝和道教。論藝術文化，宋徽宗的造詣非凡，但是，他的身分是皇帝而不是藝術家呀！如果說在藝術領域，宋徽宗能得滿分的話，在治理國家方面，他可就不及格了。在宋徽宗統治時期，國力每況愈下，他任用的奸臣和宦官，把國家搞得烏煙瘴氣、造反事件頻傳。周圍的強敵虎視眈眈，隨時準備入侵。北宋，正一步步走向滅亡。

北宋末年民間起義

宋徽宗在位的北宋末年，官逼民反。宣和年間的造反事件，北有宋江、南有方臘。提起宋江，大家都會想到《水滸傳》描寫的梁山好漢。可是小說不等於歷史，現實中的宋江，手下有幾百名義軍。一一一九年，梁山起義鬧得朝廷震動，宋徽宗前後兩次下詔書，要招安宋江，都被宋江拒絕。於是，朝廷決心剿滅宋江，由海州知府張叔夜設下埋伏，包圍起義軍。在走投無路之下，宋江最後投降了。

宋江起義被鎮壓後，朝廷接著剿滅南方的方臘。方臘原本是個漆園主人，在官方層層剝削下，難以營生，因而帶領貧苦農民殺官起義。周圍農民紛紛響應，僅僅幾天，造反人數就增加到數十萬人。起義軍東征西戰，打下了很大一片土地。宋徽宗派出他寵信的宦官童貫，帶領十五萬大軍前往鎮壓。起義軍雖然人多，但缺衣少食又未經訓練，很快就大敗。一一二一年，方臘被俘，雖然造反失敗，但是此時的北宋，距離滅亡也不遠了。

原來是這樣啊

瘦金體

瘦金體是宋徽宗獨創的字體。在宋徽宗之前，宋朝書法延續唐朝的基礎，以方方正正的楷書為主。北宋年間最出名的四位書法家「蘇黃米蔡」，指的是蘇軾、黃庭堅、米芾𠬝、蔡襄，書法藝術各有特色。宋徽宗寫的瘦金體，是他自己獨創的，字體細長，氣韻特別靈秀，但一撇一捺的筆鋒轉折，又透出筋骨硬朗。瘦金體原本是對字體外觀的描述，應該叫瘦筋體，出於對宋徽宗的尊敬，就以「金」代「筋」了。

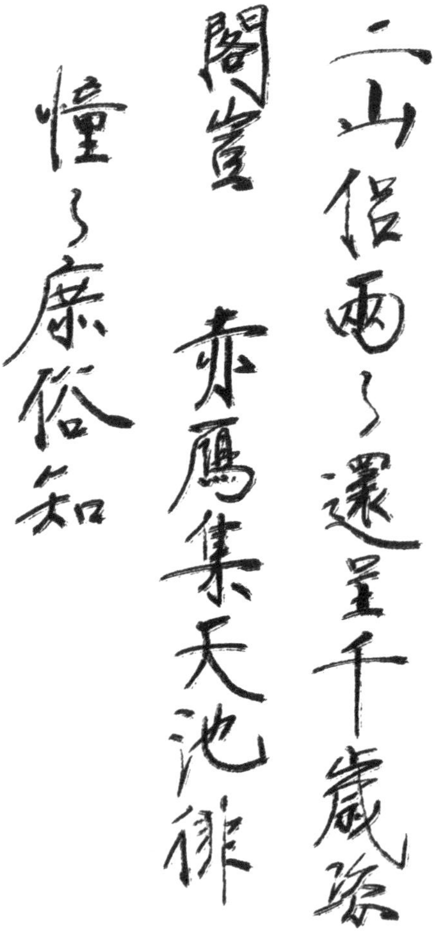

▲瘦金體。

歷史事件11

北宋終曲

海上之盟

當北宋猶安逸於滅亡前的最後平靜時，北方的遼國正發生不小的變化。澶淵之盟後，長期的和平，使得遼國上下也鬆懈下來，貴族喜歡珠寶和獵鷹，每年都向東北女真部落徵集大量東珠（野生珍珠）、海東青（兇猛的老鷹）。女真人在遼國壓迫下非常貧困。

一一一三年，女真族出現一名傑出的首

大事記

世界

- 1109年，十字軍第一次東征，占領耶路撒冷

中國

- 1105年，宋朝在蘇州設立應奉局，主要負責花石綱（運送奇花異石給皇帝）
- 1115年，完顏阿骨打起兵伐遼，在會寧稱帝，定國號大金

領完顏阿骨打。阿骨打武藝高強、目光遠大，他不甘心屈服於遼的殘暴統治。當上酋長第二年，他就帶領族人起兵反遼。女真戰士勇猛無比，如虎入羊群，把遼軍攆得東跑西竄，望風而逃。兩年之後，完顏阿骨打建立大金國。

醉心藝術的宋徽宗，這時突然雄心勃發。他派出使臣走海路聯繫金國，雙方簽訂海上之盟，約定共同夾擊遼國。宋徽宗以為這是收復燕雲十六州的好機會，全然沒有想到遼滅亡後，以宋的衰落國力，如何能抵擋強大的大金？

與宋結盟後，金軍全力攻打遼國。經過幾年艱苦戰爭，在一一二五年，遼國最後一任皇帝天祚帝被金軍俘虜，強盛兩百年的遼國就此滅亡了。

1126年，阿拉伯哲學家、自然科學家伊本・魯世德出生

1127年，「靖康之變」，北宋滅亡

1128年，金軍分三路攻南宋，宋、金形成對峙局面。

▲完顏阿骨打建立金國。

大事記

世界：1119年，法國貴族成立「聖殿騎士團」，以保護基督徒前往耶路撒冷朝聖

中國：1121年，宋江、方臘起義，先後被鎮壓

在與宋結盟、消滅遼國的過程中，金國皇帝深刻體認到，宋朝已經徹底腐朽，軍隊戰鬥力低落，根本不堪一擊。

遼國滅亡不久後，強大的金軍兵分兩路，向宋撲去。弱小的宋軍連遼軍都打不過，怎麼可能是金軍的對手？金軍很快就打到了宋朝都城汴京城下。

聽到這個消息，宋徽宗嚇得肝膽俱裂，趕忙把皇位傳給兒子，也就是北宋最後一個皇帝——欽宗。

欽宗也是個懦弱無能的人，只想割地賠款，向金國乞和。

一一二六年，金軍攻打宋朝，在大臣李綱等人堅決抵抗下，宋朝援軍總算陸續趕到，金軍眼看糧草即將吃完，於是帶著從宋掠奪來的金銀財寶，志得意滿的退回北方。金軍剛剛撤圍退走，宋欽宗就罷免了總是攔著自己求和的李綱。這樣一來，金國唯一的忌憚已除，於是再次發兵攻宋。

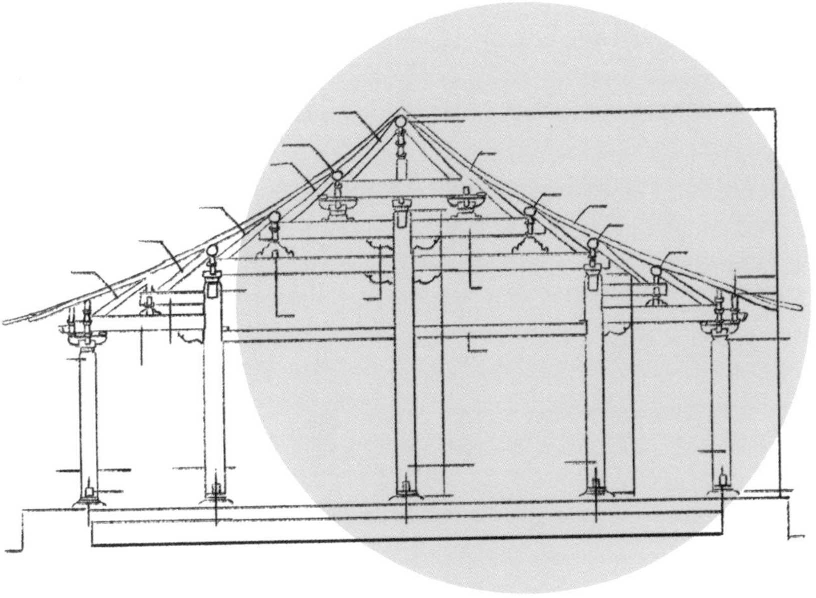

▲《營造法式》中的建築結構圖。

原來是這樣啊

建築規範《營造法式》

《營造法式》是北宋官方頒布的一部規範建築設計、施工準則的書。北宋建國後，歷代皇帝都大興土木，工程不斷。由於工程缺乏標準，官員中飽私囊的貪汙情況十分嚴重。皇帝因此命令編寫《營造法式》，一一〇三年由李誡修訂完成。這本書詳細規定各個建築部件的用料、工時，是中國現存最早、內容最豐富的建築學典籍，也是中國古代建築發展的指標。

這次，金軍很快就打到了汴京城下，欽宗又是把御膳房的夥食賞賜給軍隊，又是親自冒雨騎馬慰勞軍隊，可惜毫無作用，大勢已去，這三萬禁衛軍很快就逃散了一半。

一一二七年，金軍在汴京城搜刮好幾個月，直到搜刮殆盡，才押解掠奪來的大批財物，以及徽宗、欽宗兩位皇帝，連同嬪妃、宗室、大臣，驅趕著汴京城十萬百姓，向北方撤退。一路上，宋朝君臣受盡金人凌辱，北宋王朝就此滅亡了。

當時的年號是「靖康」，這起事件被稱為「靖康之變」。被擄掠到北方後，徽宗、欽宗天天活在羞辱與恐懼中，至死都未再踏上故土。

▼北宋宗室與官員被金人俘虜。

歷史事件12

逃跑中建立的南宋

南宋的建立

金軍入侵北宋時，宋欽宗曾派自己的弟弟康王趙構去金營求和。但是，趙構並沒有去金營，而是停留在相州（今河南安陽附近）。北宋滅亡後，趙構逃到當時的南京應天府（今河南商丘）。一一二七年，趙構在應天府登基稱帝，是為宋高宗。南宋的歷史就此展開。

宋高宗在輿論壓力下，把主戰的大臣李綱召回朝廷擔任宰相。當時中原地區，出現一批堅決抵抗金國統治的義軍。六十多歲的開封府知府宗澤，指揮士兵修建殘破的汴京城，將汴京城構建成堅固的堡壘，多次上書宋高宗，請求他

▲金軍入侵北宋。

趕緊回來主持大局。

但此時，宋高宗完全只有自私自利的想法。他做了皇帝，金人手中卻握有徽宗、欽宗這兩個人質。宋高宗生怕金人將他父兄釋放回來，他就得交出皇位了。因此，對於宗澤的奏章，他當然不會採納，反而頭也不回的往南逃，把中原大片土地拱手送給了金人。

金軍追著宋高宗，一路南下，撲向繁華的江南。

苗劉之變

一一二九年，金軍打到了揚州（在現今江蘇）。宋高宗慌忙逃到更南方的臨安（現今浙江杭州）。百官早就不滿昏庸的高宗不敢抵抗、只會逃跑。加上高宗寵信的宦官康履與權臣王淵，逃亡路上還不忘沿途搜刮百姓，導致天怒人怨。

這時，有兩個叫苗傅和劉正彥的大臣，暗暗謀畫發動兵變，準備除掉皇帝身邊的奸黨。

高宗逃到臨安時，身邊正好只有苗傅的軍隊。苗傅藉機發動兵變。他與劉正彥趁著高宗祭祀神宗時，派士兵埋伏在橋下，等王淵路過，把王淵殺了。隨後又包圍行宮，逼迫高宗交出宦官康履，並把皇位讓給只有三歲的皇太子趙旉（ㄈㄨ）。高宗無奈之下只能答應他們的要求。

兵變的消息，很快就被在外領兵的大將張浚知道了。他雖然也痛恨宦官奸黨，但他也不能接受苗傅等人作亂，於是立刻聯繫其他將領，帶著軍隊趕往臨安城平息叛亂。在幾員大將合圍下，苗傅等人很快就被捕，趙構也重新登基，這就是「苗劉之變」。

經過這件事，宋高宗對領兵在外的將領，更加不信任了！

還是求和吧

就在宋朝內部爆發兵變的時候，大金繼續揮軍向南。高宗被金軍追得無處可逃，最後竟然乘船逃到海上。千鈞一髮之際，宋朝的水軍打了一次漂亮的勝仗，攔住金軍南侵的腳步。同時，西北、中原和巴蜀地區，義軍像雨後春筍般紛紛冒出，他們運用各種手段打擊金軍，使金軍焦頭爛額、應接不暇。

一一三〇年，宋軍與金軍在陝西富平打了一場激烈的會戰。這一戰，宋軍雖然被擊敗，但也金軍士氣也大受打擊。大金統治者意識到，想要在短時間內消滅宋朝，是不可能的。於是，他們改變了對宋的政策，轉為與宋談判。

幾年來一路逃跑的宋高宗，總算有了喘息機會。一一三八年，他正式把臨安定為行在所，意思是皇帝臨時駐留的地方。此時的臨安，經過五代以來幾百年的發展，已是南方重要的中心城市。再加上高宗從北方帶來的工匠、富戶，帶動臨安城更加繁榮起來。城裡百工俱全，什麼行業的人才都有。

高宗任命秦檜擔任宰相，派出使臣向金求和。秦檜是個不折不扣的投降派，與高宗一拍即合，兩人共同定下向金朝求和的國策。

原來是這樣啊

吳語的演變

宋高宗南逃，大批北方人南遷，對江南的風俗習慣，尤其是語言，產生很大的影響。在此之前，江南地區通行的「吳語」，曾在魏晉南北朝時受到北方話的影響。這一次，南遷的北方人，又給吳語注入許多中原地區官話的詞彙，以及中原地區官話的發音，兩者相互融合，共同構成了今天吳語軟糯的語調。隨著宋高宗把臨安定為行在所，吳語也就理所當然的成為南宋的官話。

大事記

	世界	中國
		1131年，吳玠在和尚原大敗金兵
		1135年，金熙宗即位。宋徽宗死於五國城
		1142年，岳飛被殺

▲宋高宗南逃到了臨安。

臨安

歷史事件13

宋金之間的戰與和

宋金第一次和議後，兩國維持了一年多的和平。一一四〇年，金軍似乎休息夠了，撕毀約定，浩浩蕩蕩向宋軍的防線撲去。

經過幾十年的戰火洗禮，宋軍擁有一批年輕有為的愛國將領，其中最傑出的就是岳飛。岳飛字鵬舉，從小東征西戰，練就一身本領。岳飛看到宋軍缺乏戰鬥力，就親自挑選士兵，親自訓練，帶出一支頑強勇敢的岳家軍。

這時，一心求和的高宗，為了自保，表面上命令一線軍隊反擊金軍、收復失地，暗地卻命令這些軍隊的主將不許主動進攻。岳飛接到命令，仍然咬牙帶領軍隊向北挺進。

1151年，金國將都城遷到燕京

1154年，羅馬帝國皇帝腓特烈一世遠征義大利

1155年，教宗為腓特烈皇帝加冕，並給帝國名稱加上「神聖」二字

▶岳飛及岳家軍。

大事記

世界

1147年，第二次十字軍東征開始

中國

1145年，金熙宗頒行《金律》

岳家軍所向披靡，最逼近的時候，離開封府只有二十公里遠。金軍主將完顏宗弼對此十分惱火，他估計岳家軍大部分在前線，後方指揮所郾城的駐軍較少，就挑選精銳的騎兵部隊突襲郾城。沒想到，岳家軍人數雖少，卻有勇有謀，他們埋伏等待金軍經過，用大刀大斧猛砍馬蹄。金軍猝不及防，歃羽而歸。

岳家軍連連得勝的消息傳回朝廷，高宗和秦檜並不高興，反而急壞了。他們生怕金人被岳飛逼急了，不肯和談。就在岳飛率領軍隊奮勇挺進時，一連接到高宗發來的十二道金牌，命令他停止前進，班師回朝。岳飛北伐功虧一簣。

為了向金人表示和談的誠意，等岳飛一回到臨安，高宗就解除了他的兵權。

金人終於願意與宋和談，但提出許多苛刻的要求。一一四一年，金國與南宋訂立和約，約定宋朝除了稱臣、割地，每年還要向金國進貢白銀二十五萬兩、絹二十五萬匹。

這一年是宋高宗紹興十一年，這次和議被稱為「紹興和議」。

根據《宋史》記載，和議過程中，除了稱臣、割地、賠款，金軍主將完顏

▲岳飛大戰完顏宗弼。

宗弼還要求殺了岳飛。這可正中秦檜下懷，他早就視岳飛為眼中釘。高宗對岳飛也非常忌憚，他很不滿岳飛老是奏請北伐，生怕岳飛北伐成功後，把欽宗迎接回來，自己的皇位不保。另一方面，英勇善戰的岳家軍讓他感到不安。

岳飛被解除兵權後，秦檜等人謀畫陷害岳飛。他們先把岳飛身邊得力的助手全部調開，又羅列罪名將岳飛下獄。就在宋金雙方簽訂紹興和議後的第二年，一代名將岳飛，以「莫須有」的罪名被殺。

◀秦檜懼怕金人，
希望與金議和。

大事記

世界

1156年，日本爆發「保元之亂」

1158年，義大利腓烈特一世頒布法令，維護波隆納大學不受任何權力影響

1159年，日本爆發「平治之亂」

中國

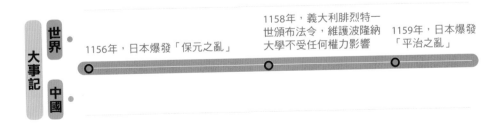

兩宋之交、幾十年的戰亂，對中原百姓而言，無異一場浩劫。著名的女詞人李清照，就經歷了這樣的戰亂。

李清照出生在書香世家，飽讀詩書，有過人的文學修養。嫁給情投意合的丈夫趙明誠，兩人都喜歡收藏文物、研究金石，過得非常幸福。北宋末年戰亂爆發後，李清照一家被迫南遷。在劇烈的社會動蕩中，她先後經歷了喪夫、收藏品流失、再嫁後婚姻不幸。但她以文學創作做為精神寄託，寫了許多好詞，在文學史上留下女性詞人的篇章。

〈聲聲慢·尋尋覓覓〉 李清照

尋尋覓覓，冷冷清清，淒淒慘慘戚戚。乍暖還寒時候，最難將息。三杯兩盞淡酒，怎敵他、晚來風急？雁過也，正傷心，卻是舊時相識。
滿地黃花堆積。憔悴損，如今有誰堪摘？守著窗兒，獨自怎生得黑？梧桐更兼細雨，到黃昏、點點滴滴。這次第，怎一個愁字了得！

◀南宋著名詞人李清照。

原來是這樣啊

莫須有

「莫須有」的意思是「恐怕有」。

秦檜等人謀畫殺害岳飛，千方百計卻始終找不出罪名。出於無奈，只能偷偷把岳飛殺了。得知岳飛死訊，名將韓世忠非常悲憤，質問秦檜，岳飛到底犯了什麼罪。秦檜閃爍其詞，最後被問急了，說：「飛子雲與張憲書雖不明，其事體莫須有。」後來，「莫須有」就被人們用來形容「並無其事，憑空誣陷」。

〈滿江紅〉

〈滿江紅．怒髮衝冠〉相傳是南宋抗金英雄岳飛創作的一闋詞，表現岳飛抗擊金兵、收復故土的強烈愛國情操。

怒髮衝冠，憑欄處、瀟瀟雨歇。擡望眼，仰天長嘯，壯懷激烈。三十功名塵與土，八千里路雲和月。莫等閒、白了少年頭，空悲切！
靖康恥，猶未雪。臣子恨，何時滅！駕長車，踏破賀蘭山缺。壯志饑餐胡虜肉，笑談渴飲匈奴血。待從頭、收拾舊山河，朝天闕。

歷史事件14

短暫和平，南宋力圖振作

隆興和議

紹興和議後，宋朝與金國之間維持了短暫的和平。

一一六一年，金軍又發動攻勢。這一次，當年的將領老的老、死的死。宋高宗一籌莫展的時候，一個叫虞允文的文官站了出來，帶領軍隊抵擋住了金軍進攻，化險為夷。

高宗感覺自己已經力不從心，又沒有孩子，便在這一年策封建王趙瑋為太子，並將他改名為趙昚（ㄕㄣˋ）。一個月之後，趙昚正式即

1167年，英國牛津大學始建

1170年，教宗下令任何沒有經教士證明公證的遺囑，都沒有法律效力

1170年，宋朝建造廣濟橋，是一座由大船結合而成的橋

1173年，薩拉丁成為埃及蘇丹

位，就是南宋歷史上有名的賢明皇帝宋孝宗。

孝宗即位後，做了很多有利於國家和百姓的事。最值得一提的兩件事，就是為岳飛昭雪，以及發動北伐。孝宗一登基，就下詔為岳飛平反，並追賜爵位。這一舉措，贏得眾大臣的向心力與百姓民心。

第二年，孝宗組織將士發動北伐。雖然在這之前，虞允文在采石之戰（采石磯，位於現今安徽）的勝利，鼓舞了宋軍士氣，但由於準備倉促，北伐沒有成功。不過，宋軍的反擊並不是完全沒有效果。這次北伐促使金人再次坐上談判桌。

一一六四年，宋金雙方達成新的和約，史稱「隆興和議」。這次和議後，兩國四十年沒有爆發大的戰爭。

大事記

世界
- 1160年，西班牙旅行家本傑明開始遊歷波斯、中亞及今天的新疆地區，歷時十三年才回國
- 1163年，法國修建巴黎聖母院，成為早期哥特式建築代表

中國
- 1161年，完顏亮大舉南侵
- 1164年，宋金訂立「隆興和議」，約定兩國是叔侄之國，歲貢改稱歲幣

心學與理學

和平氛圍讓南宋百姓有機會休養生息、努力生產、恢復經濟。孝宗是個難得的有作為的皇帝，他獎勵生產、與民休息、鼓勵學術。很快，南宋社會又有了欣欣向榮的氣象。

在思想文化領域，儒學分為「理學」、「心學」兩個學派。理學宣揚「格物致知」，主張要思考事物的根本道理，才能知道事情的本源。心學則認為不需要那麼費勁，探尋自己的內心就好了。

大事記

世界

1189年，法國南部埃羅城，用中國方法設工廠造紙

1192年，日本鐮倉幕府時期開始

中國

1187年，金國禁止女真人穿漢服

1190年，金國開始科舉考試

1192年，盧溝橋建成

▲鵝湖之會，朱熹與陸九淵、陸九齡進行辯論。

一一七五年，理學的代表朱熹，心學的代表陸九淵、陸九齡兄弟，在儒學大師呂祖謙邀請下，來到江西鵝湖，進行辯論。雙方辯論了三天，誰都沒能説服對方。這次辯論雖然沒有勝負，但後來在科舉領域取得主導地位的，卻是以朱熹為代表的理學。這次辯論就是中國思想史上著名的「鵝湖之會」。

朱熹是南宋理學大師，從小就有驚人的思辨能力。少年時期，跟隨理學大師「二程」的三傳弟子李侗學習理學。他勤奮刻苦、舉一反三，學術造詣很快就超越了他的老師。當了幾年官之後，朱熹決定以教育為終身志業。他來到位於江西九江的白鹿洞書院，重建當年南唐的書院舊址，在這裡講學。他所撰寫的《四書章句集注》，後來成為科舉考試的定本；白鹿洞書院，也成為中國古代四大書院之一。

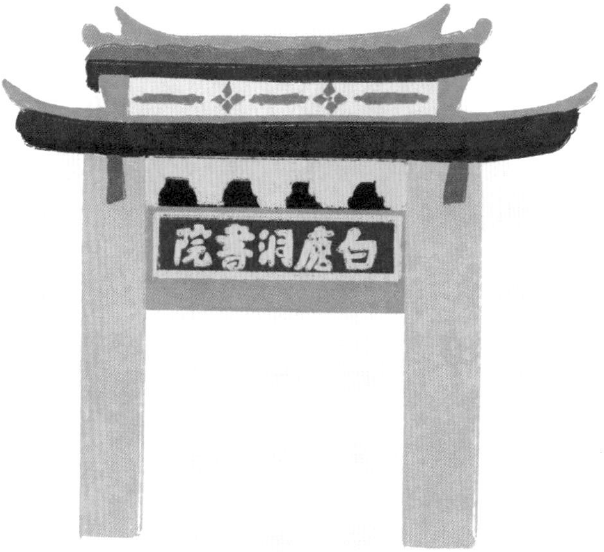

▲白鹿洞書院。

1181年，宋朝在郴州等地設立州學

1182年，腓力二世驅逐法國境內的猶太人

1183年，金國用女真文翻譯《尚書》

1185年，宋朝禁止廣西私自販運交趾鹽

1186年，中亞突厥人的加茲尼王朝滅亡

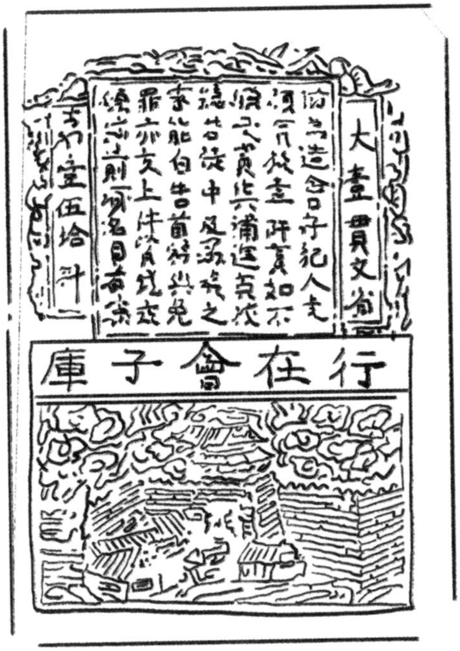

▲南宋發行的會子。比較看看，它和交子有什麼不同？

原來是這樣啊

會子

會子，是南宋官方頒布並通行全國的一種紙幣。北宋時，益州地區出現世界上最早的紙幣交子。南宋年間，由於江南地區經濟發達，貨幣短缺，於是宋高宗於一一六一年成立「行在會子務」，專門發行會子。一開始，會子只有比較大的面額，到了孝宗年間，小面額的會子也開始流通。

早期南宋官方發行會子時，都會準備相應的貴金屬做為準備金，因此，會子的面值很平穩。但到南宋後期，官方超發、濫發會子，造成嚴重的通貨膨脹，會子很快就貶值得如同廢紙一般。

大事記

世界
- 1177年，日本京都發生安元大火
- 1180年，拜占庭皇帝曼努埃爾去世，阿雷克修二世繼位

中國
- 1174年，宋朝冊封交趾李天祚為安南國王

歷史事件15

南宋的內憂與外患

北伐的希望與失望

宋孝宗之後是宋光宗。光宗是孝宗的第三個兒子，身體一直不好，登基沒幾年就去世了。接替光宗的是寧宗。寧宗爭奪皇位時，曾得到大臣韓侂（ㄊㄨㄛ）胄的幫助，因此他登基後不得不任命韓侂胄為宰相。韓侂胄與他的一批親信，很快就控制了朝政。

此時，金國內亂不斷，北方崛起的蒙古部落也對金國造成威脅，金軍東征西戰，疲憊不堪，顯露頹勢，這讓南宋君臣看到了希望。韓侂胄於一二〇六年調動軍隊，展開北伐。問題是，此時南宋軍隊

1215年，英王約翰簽署有利於市民階級的《大憲章》

1218年，高麗向蒙古稱臣納貢

1219年，成吉思汗率軍攻花剌子模

1223年，成吉思汗征服中亞，蒙古西征到達今天的南歐

1224年，宋寧宗駕崩，養子趙昀即位，是為宋理宗

原來是這樣啊

愛國詩人陸游

陸游是南宋著名的愛國詩人，出生於北宋滅亡之際，童年就是在金軍入侵及南宋朝廷不斷南逃的過程中度過的。看到百姓受盡折磨，陸游心中燃起報國的熱情。他刻苦學習，通過科舉成為官員，但因一心北伐，遭受秦檜同黨的排擠、迫害，一生鬱鬱不得志。一二一〇年，陸游離開人世前，在詩中寫道：「王師北定中原日，家祭毋忘告乃翁。」意思是：兒子，哪一天北伐成功了，你一定要在祭祀的時候告訴你的父親我啊！

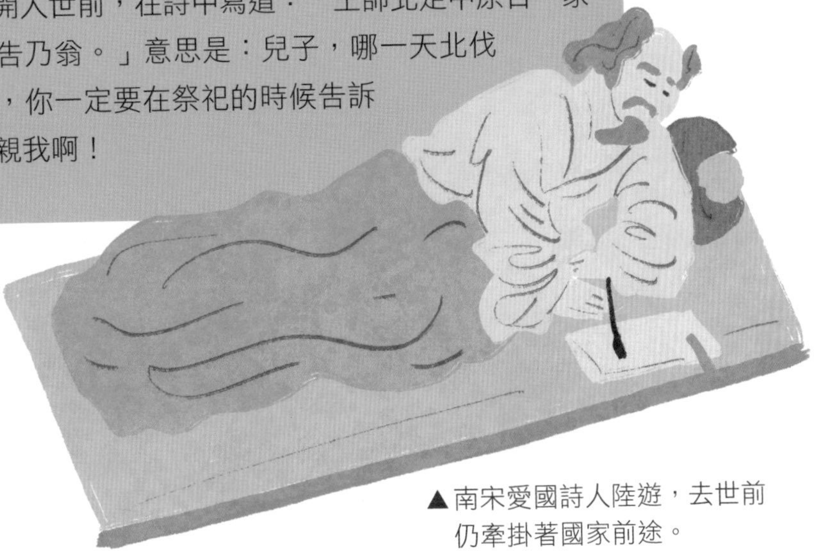

▲南宋愛國詩人陸遊，去世前仍牽掛著國家前途。

大事記

世界
- 1206年，北印度進入德里蘇丹國時期

中國
- 1208年，嘉定和議簽訂
- 1209年，蒙古攻打西夏
- 1213年，蒙古分三路攻金

的戰鬥力，已大不如前。經歷孝宗、光宗在位的數十年和平，宋軍早就疏於訓練。軍容散漫的宋軍向北挺進時，金軍嚴陣以待。結果當然是宋軍不堪一擊，節節敗退。

嘉定和議

韓侂胄吃了敗仗，連忙派使者去金營求和，卻遭拒絕。就在局勢對南宋非常不利時，金國爆發內亂。韓侂胄還來不及把握這個機會翻身，就被陰謀殺害，北伐失敗。

宋軍敗退後，宋金兩國再次坐上談判桌。戰敗的南宋，對於金國的各種無理要求，自然無法拒絕。一二〇八年，雙方簽訂和約，南宋給金國的歲幣必須加倍賠償，雙方關係也由隆興和議的「侄叔關係」，變成「侄伯關係」，南宋在金國面前矮了一截！這次和議

1231年，教宗組織委員會篡改亞里士多德作品，收效甚微

1230年，蒙古窩闊臺汗親征金國

1232年，蒙古遣使赴宋，約定夾攻金國，第二次海上之盟形成

1234年，蒙古與南宋聯軍攻下蔡州，金國滅亡

發生在嘉定元年，被稱為「嘉定和議」。

▲金軍紀律嚴明。

大事記

世界

1225年，越南開始進入陳朝時期

1228年，西歐組織第六次十字軍東征開始

中國

1226年，成吉思汗攻打西夏

1228年，江西、湖南、福建各地紛紛爆發叛亂

不夠徹底的改革

宋寧宗不同於他的父親光宗，是在位時間長達三十年的「長壽」皇帝。但他在位期間，很少能自己當家做主、管理朝政。他即位之初，朝政被專權的韓侂冑把持，執政晚年，朝政又被史彌遠掌控。史彌遠是與秦檜齊名的奸相，結黨營私、謀取私利，把朝政搞得烏煙瘴氣。孝宗以來好不容易形成的安定局面，又開始崩壞了。一二四四年，一生鬱鬱不得志的寧宗駕崩，接替他的是史彌遠所支持的宋理宗。

理宗和寧宗一樣，也想有一番作為。等了十年，史彌遠一死，理宗拿回大權，立刻開始整頓朝綱。他先是清算了史彌遠的餘黨，又頒布法令嚴懲貪官汙吏；同時還推崇理學，加封已故的理學大師朱熹為信國公。在他努力下，寧宗年間混亂的狀態煥然一新，國力日漸恢復，只不過，這些改革流於表面，好景並未持續太久。

1252年，義大利佛羅倫新鑄造弗羅林金幣，成為中世紀全歐流通的貨幣

1258年，蒙古旭烈兀占領巴格達，阿拉伯帝國滅亡

1251年，蒙古諸王推立蒙哥為大汗

1254年，忽必烈滅大理國

原來是這樣啊

臨安城裡的專業消防隊！

南宋都城臨安，最怕金軍來襲，以及發生火災。當時的建築都是木頭搭建的，人們在屋裡點火做飯、照明，稍有不慎，就可能引發火災。

南宋沿襲北宋建立的消防體系，設立「潛火隊」。潛火隊的士兵負責巡查臨安城裡的大街小巷，排查火災隱患。一旦發生火災，這些士兵就使用專門的滅火設備撲滅火災。

▶ 新宋代「消防隊」——潛火隊的裝備。

大事記

世界

1244年，被蒙古人驅逐的花剌子模人占領耶路撒冷

1247年，蒙古第五次入侵高麗，交戰八年

中國

1243年，南宋名將余玠為抵禦蒙古軍東下，在釣魚城（今四川合川區東）築城防守

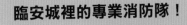

下一個勁敵

此時的金國，即將遭受滅頂之災。北方蒙古草原上，成吉思汗領導的蒙古部落迅速崛起，所向無敵的蒙古騎兵打得金軍抱頭鼠竄。南宋君臣在這一關鍵時刻，又與當年的宋徽宗一樣，想要趁火打劫，聯合蒙古人消滅金國。一二三四年，金國最後的都城蔡州被宋蒙聯軍攻陷，金國滅亡。

滅金之後，被勝利沖昏頭的宋理宗，立刻命令軍隊搶佔無人佔領的河南地區。宋軍先後收復商丘、汴京。看到幾代人努力光復中原的理想就要實現，南宋君臣全都激動得不顧風險！宋軍隊不顧一切向北進軍，打算收復洛陽，卻只準備了幾天的糧草。宋軍一抵達洛陽，便被埋伏等候的蒙古軍打得措手不及，

▲宋蒙聯軍對付金國。

大敗而歸，不僅未能奪回洛陽，就連之前收復的汴京等地也再度失守。宋、蒙之間從此展開持續將近五十年的戰爭。

◀北伐的南宋軍隊散漫。

原來是這樣啊

辛棄疾南歸

辛棄疾是南宋豪放派詞人代表之一。辛棄疾出生在金國統治地區，從小立志要恢復宋朝領土。長大後，他加入一支反金的義軍。後來，義軍首領被叛徒殺害，叛徒逃入金軍大營。辛棄疾帶著僅僅十多人的小隊伍，殺進數萬人的金軍大營，抓出叛徒，帶回南宋。遺憾的是，這位愛國詞人，終其一生未能見到北伐成功。他寫的詞，大多都反映強烈的愛國情懷。

▶ 南宋豪放派詞人辛棄疾。

歷史事件16

南宋進入倒數計時

宋蒙戰爭爆發後，眼看收復故土無望，宋理宗心灰意冷，開始縱情享受。對於國家大事，遠遠沒有執政之初那麼用心。這時，南宋另一個與秦檜、史彌遠不相上下的奸相賈似道當權。他拉幫結派、欺上瞞下、魚肉百姓，貪汙受賄，南宋這輛殘破爛不堪的馬車，在賈似道駕駛下，朝著懸崖飛馳而去。

宋蒙戰爭剛爆發時，蒙古軍的主力忙於征討西夏、大理等國家，南宋因而並未面臨巨大的戰爭壓力。但這不過是死亡前的平靜。很快，蒙古人就騰出手來，集中兵力攻打南宋。

一二五九年，蒙古大汗蒙哥親自領軍攻打合州釣魚城（今四川

1263年，英格蘭內戰爆發

1264年，忽必烈擊敗阿里不哥

1265年，義大利文藝復興先驅但丁出生，但丁的代表作為《神曲》

▲宋理宗縱情聲色，不理朝政。

大事記

世界

1261年，拜占庭帝國收復君士坦丁堡，拉丁帝國滅亡

中國

1259年，蒙古大汗蒙哥在合州釣魚城下受傷去世

1262年，忽必烈任命郭守敬負責諸路河渠，大舉興修水利

合州一帶），守城的知府王堅頑強抵抗。釣魚城易守難攻，英勇善戰的蒙古軍隊一時也無計可施，持續圍攻了幾個月。一天，蒙軍進攻時，一顆炮石從城裡飛出，恰巧擊中指揮官蒙哥。蒙哥不久就傷重去世，蒙古大汗的位子空了出來。

此時，有意角逐大汗之位的忽必烈，正指揮軍隊圍攻鄂州（今湖北武昌一帶），而在鄂州指揮宋軍防守的，正是賈似道。為了儘快脫身以便回蒙古草原爭奪汗位，忽必烈對外放出謠言，宣稱要直取臨安。這下可把賈似道嚇壞了，立刻派出使者，要求稱臣納貢，並把長江以北的領土割讓給蒙古，以求和平。結果，因為忽必烈急著要走，雙方還未達成協議，蒙軍就匆忙撤退了。後來，賈似道彙報戰況，竟謊稱是他帶領軍隊擊退蒙古人。理宗信以為真，把國事全都託付給賈似道。

原來是這樣啊

世界第一部蟋蟀專書

古代稱蟋蟀為「促織」。南宋時，鬥蟋蟀是很普遍的娛樂活動，就連達官貴族也愛鬥蟋蟀。權相賈似道正是鬥蟋蟀的愛好者，還寫了一部關於蟋蟀的專著《促織經》，詳細介紹各種蟋蟀的習性、外貌、捕捉及飼養方式等等。這是歷史上首次有人對蟋蟀進行全面深入的研究，《促織經》也成為世界第一部研究蟋蟀的專書。

襄陽失守，南宋力竭

就在忽必烈回草原爭奪汗位的時候，南宋趁機收復長江防線上重要的襄陽城。理宗在其他事情上雖然糊塗，但是對襄陽非常重視，他派出呂文德、呂文煥兄弟守城，利用這段時間把襄陽打造成一個堅固的堡壘。果然，忽必烈奪得汗位，建立元朝，帶領大軍殺了回來。雙方在襄陽城下，展開一場驚天動地的大戰。

接下來幾個月，元軍圍攻襄陽城，動用了當時所有最先進的武器，用盡方法，但都沒有辦法攻破。一二六九年，呂文德病逝，宋軍頓失主將，士氣低落。而元軍也逐漸調整進攻策略，派出大軍包圍襄陽城，然後以逸待勞，將宋朝派來的援兵一撥撥打退。當時的皇帝宋度宗被賈似道蒙蔽，居然完全不知道這件事。

經過持久的消耗戰，襄陽城內守軍物資匱乏，彈盡援絕。一二

1273年，神聖羅馬帝國進入哈布斯堡家族統治時期

1271年，忽必烈稱帝，改定國號大元，元朝開始

1273年，元朝軍隊全面入侵宋朝，宋朝滅亡成為定局

1279年，崖山海戰，陸秀夫背趙昺投海，宋朝滅亡

七三年，守將呂文煥開城投降，襄陽城丟了。這一戰，耗盡了南宋最後的精銳。面對元軍入侵，南宋再也無力還手了。

▼新式武器回回炮。

原來是這樣啊

突火槍與回回炮

在宋蒙戰爭中，動用了當時最新科技的兵器，例如突火槍和回回炮。

突火槍是世界上所有管狀火槍的鼻祖。最早是於宋理宗年間在安徽壽縣發明出來的。它是一支一端開口的長竹筒，裡面填上火藥和碎瓷片、鐵片，引燃火藥發射使用。後來，這種兵器被蒙古人帶到西方，對西方火器發展產生影響。

回回炮則是傳自西方的配重式拋石機，是蒙古人從阿拉伯人那裡學會使用的武器，因而稱為回回炮（「回回」指回族）。回回炮是當時世界上威力最大的攻城武器，元軍靠它一路攻城拔寨。

大事記

世界：1270年，第八次十字軍東征

中國：1268年，襄樊之戰開始；1269年，蒙古頒行八思巴文

歷史事件17

樂章畫上休止符！再見了，宋朝！

文天祥勤王

元軍奪取襄陽後，終於突破南宋君臣辛苦經營幾十年的長江防線。一二七三年，忽必烈派出大將伯顏，率二十萬大軍，沿長江南下進攻建康城，直搗南宋。賈似道帶領十三萬軍隊和兩千五百條戰船攔截元軍。結果，雙方水軍還沒交鋒，賈似道就逃跑了，十幾萬宋軍不戰自敗。南宋當然無法阻擋元軍的腳步。

▶南宋丟了襄陽城。

消息傳回臨安，人心惶惶。此時的皇帝是宋度宗的兒子宋恭帝。宋恭帝還是小孩，根本無法理政。內憂外患下，臨安城裡亂成一團，朝廷沒有辦法，只好詔令天下的忠臣義士到臨安來救援。

贛州知州文天祥也接到了勤王的詔書。不像別的臣子假裝沒接到，大難臨頭各自飛。文天祥為國家的危機處境痛哭流涕，毅然決然把家裡的錢全都拿

▶文天祥接到勤王詔書。

了出來，東拼西湊，募集上萬人馬，日夜兼程趕往臨安救援。

趕到臨安後，文天祥積極組織義軍，試圖延緩元軍進攻的步伐。但是，事情到了這個地步，已經無法逆轉了。一二七六年，元軍兵分多路合圍臨安。宋恭帝帶領臨安城內的文武百官，向元軍投降，而堅持抵抗的陸秀夫等人，則從亂軍中脫身，逃往南方繼續組織兵力抵抗。臨時被指派做談判的文天祥，則被元軍扣押。

原來是這樣啊

勤王

意思是君王（皇帝）有難，臣子起兵救援。出自《晉書·謝安傳》：「夏禹勤王，手足胼胝。」

宋朝滅亡

後來，陸秀夫等人在福州擁立益王趙昰（ㄕˋ），改年號為景炎。文天祥趁隙自元軍手裡脫逃，在江西、廣東等地組織義軍，繼續抵抗。

一二七八年，益王病逝，六歲的衛王趙昺（ㄅㄧㄥˇ）即位。這時，南宋君臣已經被元軍追趕得只能躲在海上。十一月，文天祥兵敗，被元軍押送到大都（今北京），他堅持不投降，從容就義。

一二七九年，元軍進攻宋軍最後的據點崖山，宋軍抵抗失敗。丞相陸秀夫，背著年僅七歲的皇帝趙昺，投海自盡。

回顧趙匡胤於九六〇年黃袍加身，建立宋朝，歷經北宋、南宋兩個階段、三百多年的統治，大宋樂章，在這裡畫上了休止符。

▶ 陸秀夫背著幼帝跳海。

原來是這樣啊！

宋末三傑

宋末三傑是指南宋滅亡之際，三位氣節高尚的抗元名將，分別是文天祥、陸秀夫、張世傑。陸秀夫、張世傑在崖山海戰殉國。文天祥則在一二七八年兵敗被俘，押送到大都。元世祖忽必烈發動了包括宋恭帝在內的多人前去勸降，文天祥都拒絕了。沒有辦法，忽必烈只好成全文天祥殉國的願望。

一二八三年，文天祥在大都就義，他在衣帶內留下遺言：

「孔曰成仁，孟曰取義，惟其義盡，所以仁至。讀聖賢書，所學何事，而今而後，庶幾無愧。」

▶ 崖山海戰。

歷史就是這樣演進的！

這部歷史從夏朝開始說起，這是因為在此之前有關三皇五帝等傳說，由於缺少歷史證據，往往被視為神話。

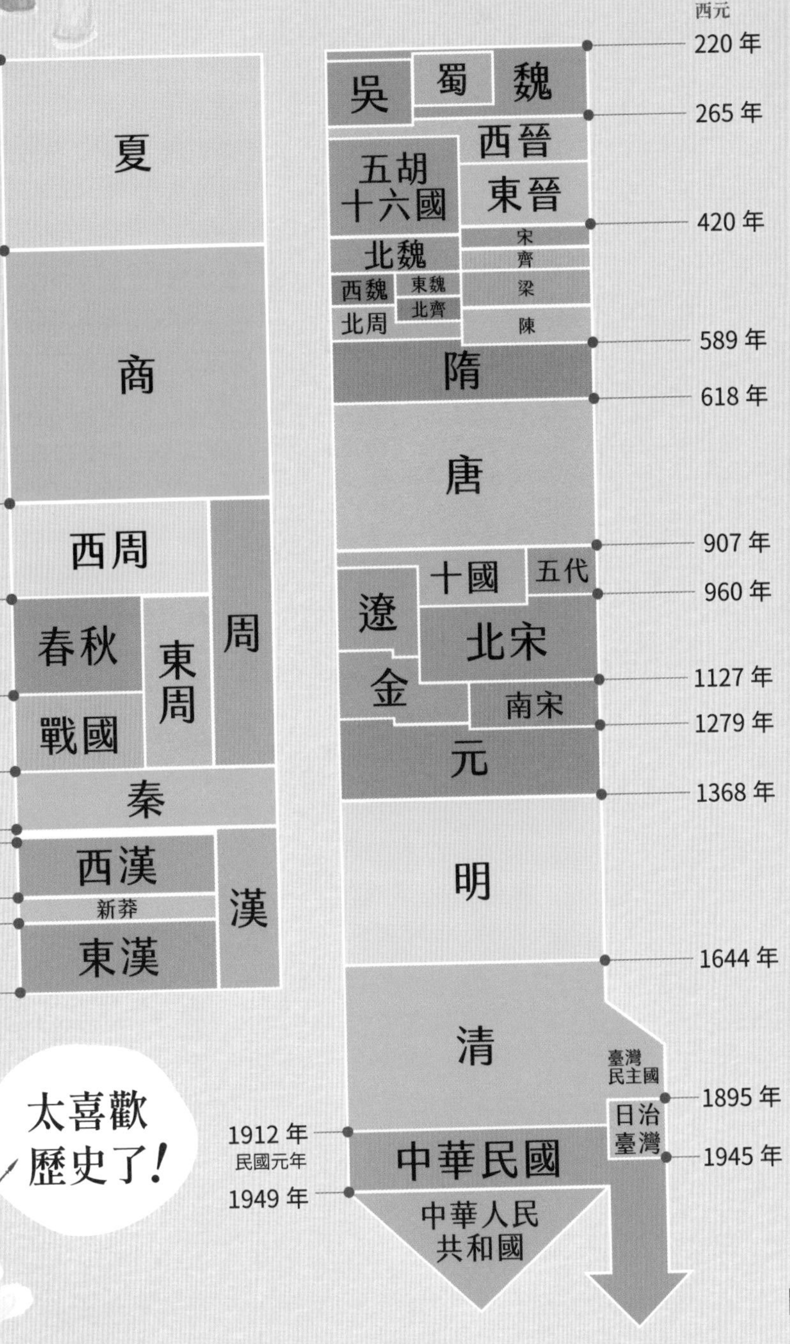

太喜歡歷史了！

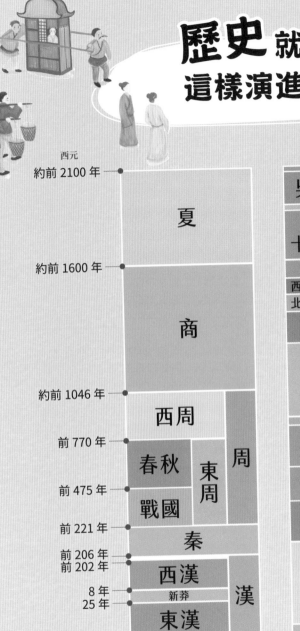

歷史就是這樣變化的！

歷史上，每個時代的疆域面積、統治族群，以及國都所在位置，都不斷的變化。而「統一」往往就是「分裂」的開始，分分合合是歷史常態。領土、統治族群、生活方式，也必然隨著時代演進，持續變動。歷史就是一部人類生存的變動史。

	朝代	都城	現今地	統治族群	開國
	夏	安邑	山西夏縣	華夏族	禹
	商	亳	河南商丘	華夏族	湯
周	西周	鎬京	陝西西安	華夏族	周武王姬發
周	東周	雒邑	河南洛陽	華夏族	周平王姬宜臼
	秦	咸陽	陝西咸陽	華夏族	始皇帝嬴政
漢	西漢	長安	陝西西安	漢族	漢高祖劉邦
漢	新朝	常安	陝西西安	漢族	王莽
漢	東漢	洛陽	河南洛陽	漢族	漢光武帝劉秀
三國	曹魏	洛陽	河南洛陽	漢族	魏文帝曹丕
三國	蜀漢	成都	四川成都	漢族	漢昭烈帝劉備
三國	孫吳	建業	江蘇南京	漢族	吳大帝孫權
晉	西晉	洛陽	河南洛陽	漢族	晉武帝司馬炎
晉	東晉	建康	江蘇南京	漢族	晉元帝司馬睿
南北朝	南朝 宋、齊、梁、陳	建康	江蘇南京	漢族	宋武帝劉裕等
南北朝	北朝 北魏、東魏、西魏 北齊、北周	平成 鄴 長安	山西大同 河北邯鄲 陝西西安	鮮卑 漢族 匈奴等	拓跋珪、元善見 宇文泰等
	隋	大興	陝西西安	漢族	隋文帝楊堅
	唐	長安	陝西西安	漢族	唐高祖李淵
	五代十國	汴、洛陽 江寧等	開封、洛陽 南京等	漢族	梁太祖朱溫等
宋	北宋	汴京	河南開封	漢族	宋太祖趙匡胤
宋	南宋	臨安	浙江杭州	漢族	宋高宗趙構
	遼	上京	內蒙古	契丹族	遼太祖耶律阿保機
	金	會寧	黑龍江哈爾濱	女真族	金太祖完顏阿骨打
	元	大都	河北北京	蒙古族	元世祖忽必烈
	明	應天府	江蘇南京	漢族	明太祖朱元璋
	清	北京	河北北京	滿族	清太宗皇太極

註：限於篇幅，本表不含各朝代後續遷都詳情。

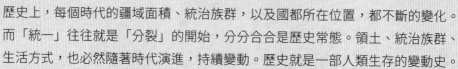

國家圖書館出版品預行編目（CIP）資料

太喜歡歷史了：給中小學生的輕歷史 . 7, 兩宋／知中編委會作 . -- 初版 . -- 新北市：遠足文化事業股份有限公司字畝文化出版：遠足文化事業股份有限公司發行 , 2021.12
面；　公分
ISBN 978-626-7069-24-0（平裝）
1. 中國史 2. 通俗史話
610.9　　110019850

太喜歡歷史了！給中小學生的輕歷史⑦兩宋

作　　者：知中編委會

字畝文化創意有限公司
社　　長：馮季眉
責任編輯：徐子茹
美術與封面設計：Bianco
美編排版：張簡至真

出版：字畝文化／遠足文化事業股份有限公司
發行：遠足文化事業股份有限公司（讀書共和國出版集團）
地址：231新北市新店區民權路108-2號9樓
電話：(02)2218-1417　傳真：(02)8667-1065
客服信箱：service@bookrep.com.tw
網路書店：www.bookrep.com.tw
團體訂購請洽業務部 (02) 2218-1417 分機1124
法律顧問：華洋法律事務所 蘇文生律師
印　　製：凱林彩印股份有限公司

2021 年 12 月　初版一刷　2024 年 7 月　初版六刷
定價：350 元　書號：XBLH0027
ISBN 978-626-7069-24-0